Ulrike Ender

Noch manchmal höre ich dich lachen

Ulrike Ender

Noch manchmal höre ich dich lachen

Vom Loslassen und Abschiednehmen

Verlag Lebensreise

Impressum / Imprint

Bibliografische Information der Deutschen Nationalbibliothek: Die Deutsche Nationalbibliothek verzeichnet diese Publikation in der Deutschen Nationalbibliografie; detaillierte bibliografische Daten sind im Internet über http://dnb.d-nb.de abrufbar.

Bibliographic information published by the Deutsche Nationalbibliothek: The Deutsche Nationalbibliothek lists this publication in the Deutsche Nationalbibliografie; detailed bibliographic data are available in the Internet at http://dnb.d-nb.de.

Coverbild / Cover image: www.ingimage.com

Verlag / Publisher:
Verlag Lebensreise
ist ein Imprint der / is a trademark of
OmniScriptum GmbH & Co. KG
Heinrich-Böcking-Str. 6-8, 66121 Saarbrücken, Deutschland / Germany
Email: info@verlag-lebensreise.de

Herstellung: siehe letzte Seite /
Printed at: see last page
ISBN: 978-3-639-68629-6

Inhalt

Für Régine und Stéphane.

Prolog

Der Ofen im Wohnzimmer ist fast aus, als ich spätabends nach Hause komme.

Mich fröstelt.

Noch in der Jacke lege ich ein paar dürre Holzscheite auf die Glut und öffne den Luftabzug. Ein wahres Feuerwerk spielt sich hinter der Glasscheibe ab, es prasselt und Funken stieben empor. Schlagartig ist das Feuer wieder entfacht und gibt ordentlich Hitze ab.

Ich entledige mich meiner Jacke und stehe noch ein Weilchen mit ausgebreiteten Händen rücklings am Ofen und wärme mich auf.

Im Haus ist es bereits still, man hört nur das Knacken des dürren Holzes und das Knistern der Flammen. Diese Stimmung liebe ich ganz besonders.

Wie ich so langsam auftaue, höre ich entfernt eine Tür gehen.

Von oben nähern sich leise Schritte: Das kann nur Joshua, unser Großer sein, der um diese Zeit immer noch ein „Betthupferl" braucht. Er schaut ums Eck, ein leises „Hallo" und ein Lächeln, weil er weiß, wie ich dieses Ofenzeremoniell genieße. Sein Gang zur Küche, ich schließe mich an.

Während er sich einen Apfel wäscht, wechseln wir noch ein paar Worte, auch über meine Absicht ein Buch zu schreiben über die letzten Wochen mit Chris. Mein Wunsch, all das intensiv Durchlebte in Worte zu fassen, breitet sich in mir aus und lässt sich häuslich nieder.

Hiobsnachricht

Die Scheibenwischer kämpfen tapfer gegen den Schneeregen an, der mir fast die Sicht nimmt.

Schwere graue Wolken schütten sich aus, ab und zu kommt die Sonne durch und spiegelt sich schillernd in der Straßennässe wider, bis sie erneut hinter tiefem Grau verschwindet.

Solange es nicht friert und glatt wird, kann ich zügig diese knapp vierzig Kilometer hinter mich bringen. Meine Gedanken jedoch gehen noch einmal zurück zum gestrigen Tag....

...Wir saßen grade bei Hefepfannkuchen mit Heidelbeeren, als das Telefon klingelte.

Meine Schwägerin war am Apparat.

Da fiel mir augenblicklich ein, dass sie genau vor einem Jahr Witwe geworden war.

Mein ältester Bruder war bei einem schrecklichen Autounfall ums Leben gekommen. Ich dachte, sie wolle deswegen mit jemandem sprechen, um nicht alleine damit zu sein.

Ich suchte noch nach trostreichen Worten, aber sie unterbrach mich:

„Du, das tritt bereits in den Hintergrund. Ich bekam eben einen Anruf von der Vermieterin deiner Schwester Chris."

Sie zögerte.

„Chris ist bewusstlos in ihrer Wohnung aufgefunden worden!"

Für Sekunden Stille zwischen uns.

Das Gehörte suchte sich einen Weg zu meinem Verstand.

„Was ist passiert?", presste ich heraus, auf das Schlimmste gefasst.

„Sie muss schon seit gestern da gelegen haben. Die Vermieterin hatte sich gewundert, dass der Briefkasten nicht geleert wurde und Chris' Auto seit dem

Vortag draußen stand. So hat sie nach ihr geschaut und sie im Flur liegend vorgefunden. Chris lag besinnungslos da. Sofort rief die Frau den Rettungsdienst, der sie umgehend in die nächste Klinik brachte.“

Es folgten noch nähere Ausführungen, an die ich mich bereits heute, einen Tag später, nicht mehr genau erinnern kann.
Ich weiß nur noch, dass ich geistesabwesend den Telefonhörer aufgelegt habe.
Mir kam das so unwirklich vor, erst mein Bruder Martin vierundzwanzig Jahre zuvor, dann mein ältester Bruder Micha im vergangenen Jahr und jetzt meine Schwester!
Aber sie lebt ja immerhin noch, vielleicht ist alles gar nicht so dramatisch, dachte ich hoffnungsvoll.

Die neugierigen und drängenden Fragen meiner Kinder holten mich augenblicklich zurück in die Gegenwart.
Also habe ich ihnen erzählt, was mir ihre Tante am Telefon mitgeteilt hatte.
Damit hat dann auch mein klarer Verstand wieder eingesetzt und wir beratschlagten gemeinsam, was wir tun könnten.

Als nächstes versuchte ich, die beiden Kinder meiner kranken Schwester ausfindig zu machen.
Wie oft in solchen Situationen, dachte ich, sind die Betreffenden irgendwo unterwegs.
Denn ich musste von „Hinz bis Kunz“ telefonieren, bevor ich endlich Céline, die 24-jährige Tochter bei der Familie ihres Verlobten erreichte. Ich war so aufgeregt, aber teilte ihr das Wenige, das ich wusste, kurz mit. Sie hatte dann ihren Bruder Frédéric verständigt und sich gleich danach auf den Weg ins Krankenhaus zu ihrer Mutter gemacht.

Besorgt erledigte ich mein Tagespensum, das bei einer siebenköpfigen Familie recht umfangreich zu sein pflegt. Das Warten auf neue Nachrichten aus dem Krankenhaus machte mich ganz nervös.
Abends erhielt ich dann endlich nähere Auskünfte von meiner Nichte.
Inzwischen hatte ich noch mit meiner Mutter und meinen andern beiden Schwestern telefoniert. Alle waren alarmiert.

Angespannt und ganz in Gedanken versunken lenke ich das Fahrzeug.
Um ein Haar übersehe ich, dass vor mir Einer bremst.
Die rote Ampel an der Kreuzung hatte ich gar nicht wahrgenommen.
Meine Vollbremsung hat mich wachgerüttelt und ich bin wieder voll da, fahre bei „Grün“ sorgfältig an, jedoch vor Schreck zitternd.
Es sind nur noch wenige Kilometer.
Ich bin unheimlich aufgeregt, mein Herz klopft schnell.
Wie werde ich sie antreffen?
Was ist überhaupt geschehen?
Wie ernst ist ihre Lage?
Ich mag gar nicht an das Schlimmste denken. Man neigt dazu, wenn man schon mehrmals mit derlei Hiobsnachrichten überrascht wurde.
Es kommt mir vor, als sei es erst gestern gewesen, als uns die Nachricht erreichte, dass mein ältester Bruder mit dem Auto tödlich verunglückt war. Und jetzt, auf den Tag genau ein Jahr danach bin ich auf dem Weg ins Krankenhaus zu meiner ältesten Schwester.
Was ist schon ein Jahr, um den Tod eines Bruders zu verarbeiten?
Eigentlich habe ich das gar nicht verarbeitet, eher verdrängt, wenn ich ehrlich bin. Er lebte nicht in unsrer Nähe, hatte sein eigenes Familienleben, seinen Alltag und seine Art zu leben, die sich überwiegend von der meinen unterschied.
Und wir trafen uns vielleicht ein paar Mal im Jahr, wenn es was Familiäres zu feiern gab. Unser Altersabstand maß immerhin 13 Jahre, uns trennte fast

eine Generation. Ich hatte nicht viel mitgekriegt von meinem Bruder, er verließ das Haus, als ich noch klein war. Wir wuchsen im Grunde nicht unter den gleichen Bedingungen auf. Er hatte im Gegensatz zu mir 15 Jahre lang einen Vater gehabt, ich hatte fast keine Erinnerung an ihn.

Vor mir wird das Klinikum sichtbar.

Gleich bin ich da.

Ich setze den Blinker und ordne mich links ein, folge dem Parkhaus-Pfeil und nach hundert Metern passiere ich die Schranke, nachdem ich meinen Parkschein gezogen habe.

Vor ein paar Jahren noch parkte man sein Auto ausschließlich unterhalb des Krankenhauses an der Fluss-Aue. Dieses Parkhaus ist neu und ich befahre es zum ersten Mal.

Es geht in Serpentinen von einer Ebene zur andern. Alles voll besetzt.

Ich krieg den Drehwurm, wenn nicht bald eine freie Parklücke auftaucht!

Auf dem obersten Parkdeck habe ich endlich Glück und nehme den erstbesten Parkplatz in Angriff.

Geschafft! Das Einparken klappt bei mir nicht immer auf Anhieb.

Angst

Einen Moment bleibe ich noch sitzen, mein Blick auf den vor mir liegenden Kasten geheftet, die alte Klinik. Irgendwie hab ich Bammel, verzögere das Aussteigen. Ich atme tief durch.

„Feigling!", denke ich, schnappe mir ruckartig meinen langen Mantel und die Handtasche, klettere aus unserem Kleinbus, verriegle das Schloss und begebe mich zum Ausgang des Parkhauses.

Ich war schon Jahre nicht mehr hier und stelle erschrocken fest, dass ein Fußgängersteg die tiefe Kluft zwischen Parkhaus und Krankenhaus überbrückt.
Da stehe ich im total zugigen Ausgang und sehe von oben den Durchgangsverkehr unter mir dahinbrausen. Mir ist kalt und ich schlüpfe erst mal in meinen Mantel, knöpfe ihn zu und ziehe den Schal fester.
Mir wird schwindlig, mit so etwas habe ich Probleme. Am liebsten würde ich umdrehen.
Ich habe panische Angst, diese Brücke zu betreten. Es ist, als ob mich Magnete in die Tiefe ziehen. Mit dem Rücken zur Wand stehe ich da.
Der kalte Wind gibt mir den Rest.
Besucher und Krankenhauspersonal hetzen an mir vorbei.
Bestimmt sieht mir jeder meine Furcht an, geht es mir durch den Sinn.
Außerdem komme ich mir unheimlich kindisch vor und schicke ein stilles Stoßgebet zum Himmel mit der Bitte um Mut.
Es hilft ja nichts, ich muss da drüber!
Langsam löse ich mich aus meiner Erstarrung und wage vorsichtig ein Schrittchen nach dem andern, wie in Zeitlupe. Wenn ich mich nur irgendwo festhalten könnte!
Aber die andern Leute kommen schließlich auch heil rüber, also warum nicht auch ich?
Nur Insider wissen, wie sich das anfühlt.
Mein Herz pocht so heftig, als ob es zwischen den Ohren säße. Ich fixiere einen Punkt auf der andern Seite.
Mit dem Blick starr vor mich hin, ja nicht links oder rechts und schon gar nicht in die Tiefe, eile ich dem Ende der Brücke entgegen.
Zügig nehme ich die letzten Schritte bis zur Drehtür. Mit einem Satz erreiche ich die offene Plattform, die mich barmherzig ins Innere des Gebäudes trägt.
In der Eingangshalle angelangt atme ich erst mal tief durch, meine Knie zittern noch.

An der Pforte erkundige ich mich nach der Station und der Zimmernummer meiner Schwester, der Pförtner überprüft die Neuzugänge der letzten Tage und gibt mir die gewünschte Auskunft.

Sie befindet sich in einem der obersten Stockwerke auf der Intensivstation.

Nach der vorherigen Zitterpartie entscheide ich mich für den Aufzug und geselle mich zu den anderen Wartenden. Das gibt mir noch ein bisschen Zeit, um Mut zu sammeln.

Menschen drängeln und drücken, um in den freien Fahrstuhl zu gelangen. Dieser schließt automatisch, nachdem er voll ist, und ich stehe immer noch da.

Ich höre ein „Bimbim", das den zweiten Aufzug ankündigt und reihe mich mit einigen Anderen schnell davor ein. Die Tür öffnet sich und ein paar Besucher verlassen die Kabine, hasten dem Klinik-Ausgang entgegen. Wir Wartenden nehmen zügig Besitz von dem engen Raum, ich drücke den Knopf für das entsprechende Stockwerk und verziehe mich in die hinterste Ecke.

Über den Schaltknöpfen sehe ich ein Metallschild mit dem Hinweis auf die erlaubte Höchstanzahl von Personen, beziehungsweise dem zulässigen Höchstgewicht. Meine Augen schweifen kurz über die Köpfe hinweg und schätzen ab. Das könnte knapp werden, denke ich, aber der Aufzug schließt und setzt sich mit einem leichten Ruck nach oben in Bewegung.

Immer wieder halten wir an, um Mitfahrende aussteigen zu lassen, manchmal steigt wieder jemand zu. Dabei vermischen sich die verschiedensten Gerüche begünstigt durch den Luftzug beim Öffnen der Kabine. Weder schweres Parfum, noch Zigarettenrauch oder Schweißgeruch können über den penetranten Sagrotangeruch einer jeden Klinik hinwegtäuschen. Mir wird ein wenig übel von dieser Mischung.

Jetzt muss ich raus, auf dem Display gegenüber an der Wand leuchtet mein Stockwerk rot auf.

Ich betrete den Korridor und versuche mich anhand der Wegweiser zu orientieren.

Die Station links vom Aufzug müsste es sein. Ich steuere darauf zu. „Neurologie“ steht auf dem Schild über der Glastür, die sich nur mit einigem Kraftaufwand öffnen lässt.

Suchend mache ich ein paar Schritte den Gang entlang.

Es riecht intensiv nach Desinfektionsmittel und Krankheit.

Ich entdecke die betreffende Zimmernummer, es ist die dritte Tür rechts.

Da stehe ich nun wie angewurzelt und halte inne.

Ich habe ja keine Ahnung, was mich hinter dieser Tür erwartet.

Eine Krankenschwester kommt energisch den Gang entlang geschritten und fragt mich im Vorbeigehen, ob sie mir helfen könne. Um Zeit zu gewinnen, erkundige ich mich nach dem diensthabenden Arzt. Dieser sei gerade auf Visite, sagt sie, ich könne ihn wohl in zehn Minuten sprechen, höre ich sie grade noch. Und schon ist sie um die nächste Ecke verschwunden.

All meinen Mut nehme ich zusammen und klopfe zaghaft an die Tür.

Keine Antwort.

Ich klopfe noch mal, diesmal etwas kräftiger.

Von drinnen kommt ein „Ja, herein!“.

Ich drücke die Klinke herunter und trete mit unsicherem Blick ein. Mein Herz klopft wie wild, ich habe Angst.

Hilflos

Das Bett nahe der Tür ist von einer älteren Dame belegt, sie muss es gewesen sein, die mich hereingebeten hat. Freundlich lächelt sie mir zu und begrüßt mich, ich erwidere leise den Gruß.

Am Fenster steht ein zweites Bett.

Diese Patientin bietet einen jämmerlichen Anblick, irgendwie hilflos und traurig, mit dem Gesicht scheint etwas nicht zu stimmen.

Ich bewege mich zögernd auf sie zu, traue meinen Augen nicht:

Da liegt keine Fremde, sondern meine Schwester!

„Denna!“

Fast tonlos flüstere ich ihren Kosenamen aus Kindertagen und ergreife furchtsam ihre rechte Hand.

Die Hand ist ungewöhnlich kalt und kraftlos, unfähig, den Händedruck zu erwidern und rutscht schließlich auf die Bettdecke zurück.

Sie versucht ein Lächeln, aber Tränen laufen ihr über die Wangen.

Welch ein Häufchen Elend liegt da vor mir!

Wer diese Frau kennt, kann das nicht glauben. Unwillkürlich muss auch ich weinen.

Zärtlich streichle ich mit meinem Handrücken ihre blassen Schläfen und Wangen.

Die eine Gesichtshälfte wirkt etwas schlaff, die Haut fühlt sich wächsern und kühl an.

Was ist nur geschehen?

Chris wirkt völlig verändert und hilflos.

Sie will etwas sagen, aber die Lippen bewegen sich nur langsam, die Stimme fehlt.

Und wieder weint sie, dann ein versuchtes Lachen, das misslingt.

Das ist erschütternd!

Mich packt tiefes Mitleid.

Ich möchte sie trösten, ihr helfen, aber wie?

Inzwischen ist fast unbemerkt eine Schwester eingetreten. Sie überprüft nacheinander bei beiden Patientinnen die Infusionen, die richtige Lage der Braunüle, sowie die Tropfgeschwindigkeit der Nährlösung. Nebenbei erkundigt sie sich mit leiser Stimme nach dem Befinden der Frauen.

Zumindest die eine kann antworten…

Ich frage die Pflegerin noch mal nach dem Verbleib des Stationsarztes, um eine konkrete Auskunft über die Krankheit meiner Schwester zu bekommen.

Sie bittet mich, ihr nach draußen ins Stationszimmer zu folgen.

Mit einem flüchtigen „Ich-komme-gleich-wieder“ verlasse ich für kurze Zeit das Krankenzimmer.

Die Tür fällt leise ins Schloss.

Ich sehe den diensthabenden Arzt im Stationszimmer am Schreibtisch hantieren, er kehrt mir den Rücken zu.

Die Schwester hat ihm schon gesagt, dass ich ihn sprechen will, aber er lässt mich noch ein Weilchen warten.

Erst als ich mich mit einem geräuschvollen Räuspern und einem „Guten Tag, Herr Doktor“ bemerkbar mache, dreht er sich langsam um und kommt etwas widerstrebend auf mich zu.

Er sieht noch sehr jung aus.

Zuerst will er korrekterweise wissen, in welcher verwandtschaftlichen Beziehung ich zu seiner Patientin stehe, wegen der Schweigepflicht.

Schließlich sieht er ein, dass ich nahe genug verwandt bin, um Auskunft zu erhalten.

Ich erfahre bei dem Gespräch, in welchem Zustand sie eingeliefert worden ist.

Man hat sie durchgecheckt, auch noch eine Computer-Tomographie vom Kopf gemacht.

Und dabei haben sie etliche Metastasen entdeckt, die durch ihr rasches Größenwachstum Hirnmasse und Blutgefäße abdrücken, ein Hirnbluten ausgelöst haben sollen.

Dies wiederum hätte halbseitige Lähmungserscheinungen zur Folge.

Ich frage ihn, was das jetzt für meine Schwester bedeutet, welche Behandlung vorgesehen ist.

Er erklärt mir, dass sie in den nächsten Tagen eine Serie von Bestrahlungen bekommen wird, die bewirken sollen, dass die Ödeme rings um die Metastasen schrumpfen.

Was mit einer Chemotherapie ist, will ich wissen.
Das bringe bei dieser Art von Tumor nichts.
Und ob man sie vielleicht operieren könnte, frage ich.
„Nein", sagt er, „es handelt sich um eine sehr große Anzahl von Metastasen, mindestens zwanzig, wenn nicht noch mehr. Da ist eine OP nicht durchführbar, vor allem auf Grund der Lage der Metastasen."
Der Arzt macht schon einen leicht genervten Eindruck durch meine vielen Fragen, aber trotzdem stelle ich ihm noch eine letzte:
„Welche Chancen hat sie durch diese Strahlentherapie überhaupt?"
Er zögert mit der Antwort.
„Es besteht keine Hoffnung auf Genesung. Tut mir leid.
Die Erkrankung ist in einem sehr fortgeschrittenen Stadium, wenn man das früher erkannt hätte, wäre vielleicht mehr möglich gewesen."
„Wie lange noch?", will ich wissen.
„Kaum mehr als ein paar Wochen", kommt die Antwort.
Ich starre ihn entsetzt an.
Das trifft mich wie ein Fausthieb, ich muss erst mal schlucken.

Monoton und der Höflichkeit halber bedanke ich mich für die Auskünfte und bleibe noch vor Chris' Zimmertür stehen, damit sich das Gehörte setzen kann.
Dennoch kann ich nicht wirklich fassen, was mir da grade mitgeteilt wurde.

Lebenskunst

Wie betäubt stehe ich an die Wand gelehnt da und kann es noch gar nicht realisieren.
Es rauscht in meinen Ohren, mein Mund wird trocken, der Atem stockt.
Nichts von dem Betrieb auf Station erreicht mich mehr.

Vor einem Jahr haben wir meinen Bruder beerdigt.

Und dieses Jahr?

Mein Blick fällt ins Leere.

Ich weiß nicht, wie lange ich so dastehe.

Doch nach und nach füllt sich diese Leere mit verschwommenen Gelb-, Orange- und Brauntönen und ein wenig kobaltblauem Kontrast.

Das Ganze gewinnt langsam Gestalt in Form einer Pyramide und eines Kamels.

Die Realität hat mich wieder!

An der Wand hängt ein gerahmtes Bild des Malers August Macke!

Die Schönheit und Harmonie dieser leuchtenden Farbflächen und die schlichten Formen erwärmen mein Gemüt und lenken für Momente von der Sterilität dieses Ortes ab.

Ich lasse das Bild eine Weile auf mich wirken, nehme es in mich auf.

Mir wird neu klar, dass beides meist nah beieinander steht:

Traurigkeit und Freude,

Kälte und Wärme,

Schatten und Licht, Tod und Leben.

Auf Erden sind diese Gegensätze wie Geschwister: Wo das eine ist, findet man zwangsläufig auch das andere.

Und alles hat seine Zeit und seinen Platz.

Ein wenig mutiger drücke ich kurze Zeit später die Türklinke runter und trete erneut in das Krankenzimmer.

Als erstes hänge ich meinen Mantel an einen Kleiderhaken neben der Tür.

Einen der vorhandenen Stühle ziehe ich an ihr Bett, um mich ganz nah neben sie setzen zu können.

Das Bettgitter ist hochgeklappt, wahrscheinlich haben sie Sorge, die Patientin könne rausfallen.

So drücke ich mich mit meinem Körper dicht daran, um sie mit meiner rechten Hand an ihrem linken Arm berühren zu können, denn darin hat sie noch Gefühl. Ich muss mich ziemlich strecken, weil ich nicht allzu groß bin.

Während ich sie streichle, huscht doch ein Lächeln über ihr Gesicht.

Dann weint sie gleich wieder.

In diesem Wechsel geht das die ganze Zeit.

Leise spreche ich mit ihr und frage sie, wie das alles passiert ist.

Trotz aller Versuche gelingt es ihr nicht, irgendein verständliches Wort herauszubringen.

Verzweifelt darüber weint sie bitterlich.

Was habe ich denn erwartet?

Was plage ich sie mit diesen idiotischen Fragen?

Das erschüttert mich so, dass auch mir die Tränen kommen.

Es muss schrecklich sein, wenn man sich von einem Tag auf den andern nicht mehr mitteilen kann.

Somit halte ich es für sinnvoller, nichts mehr zu fragen.

Stattdessen mache ich ein paar vorsichtige Versuche zu scherzen über ihr „modernes" Pflegenachthemd mit automatischer Belüftung, wie man sie in Krankenhäusern angezogen bekommt.

Es funktioniert und sie lacht wie sonst, nur tonlos und heiser.

Das gleicht ihr schon eher.

Ich kenne sie als sehr lebenslustige und spontane Person, die zu fast jedem Blödsinn bereit ist.

Und ihr Lachen!

Mir sind wenig Menschen bekannt, die so von Herzen und so viel lachen können wie sie.

Es gibt Familienfotos mit ihr, da lacht die ganze Mannschaft lauthals. Und ich wette, sie hatte angefangen und damit alle anderen angesteckt.

Wehmütig denke ich an gemeinsam gefeierte Feste zurück. So etwas liegt ja nicht jedem, aber mit Chris konnte man immer rechnen. Sie bot stets gerne ihre Hilfe an und trug mehr zur Verköstigung bei, als vereinbart war.
Sie war so der Typ nach dem Motto: Und wenn das Leben mir Zitronen gibt, dann mach ich eben Limonade draus!
Eine Lebenskünstlerin, wie sie im Buche steht.

In den letzten Jahren war sie politisch sehr engagiert, sowohl auf Gemeinde-, als auch auf Kreisebene und im Stadtrat.
Das hinderte sie nicht daran, auch mal ein Buffet für entsprechende Empfänge zu zaubern, sie war gelernte Köchin von Beruf.

Ich weiß, dass sie in den vergangenen Wochen häufig über Kopfschmerzen und Abgeschlagenheit klagte.
Seit Längerem sah sie schlecht aus und zog sich auch schon eher mal zurück, was so gar nicht zu ihr passte.
Sie hatte genau am Abend vor ihrem Zusammenbruch ihre politischen Ämter abgegeben, der Termin stand schon länger fest.
Da kommt mir der Gedanke, dass sie möglicherweise mehr über ihren gesundheitlichen Zustand geahnt hatte, als sie zugab.
Zwischendurch versuche ich es noch einmal und frage sie, ob sie irgendwelche Wünsche hat. Wenn ich das nächste Mal komme, würde ich ihr gerne was mitbringen.
Aber sie wirkt so müde und bekommt kaum einen Ton heraus.
Da klopft es an der Tür und meine Mutter betritt mit meiner Schwägerin zusammen das Krankenzimmer.
Schreck und Sorge stehen ihnen ins Gesicht geschrieben, als sie fast auf Zehenspitzen ans Bett treten.
Wir begrüßen uns leise, nehmen einander Beistand suchend in die Arme.

In Kurzform gebe ich flüsternd wieder, was der junge Arzt mir gesagt hat, lasse aber in Chris' Gegenwart die Prognose weg.
Ich gehe auf die Seite, damit vor allem meine Mutter zu „ihrer Großen“ kann. Sie streichelt sie und spricht zu ihr, als ob sie noch ihr kleines Kind sei. Aber so wirkt meine Schwester auch in ihrer Hilflosigkeit und Sprachlosigkeit, wie ein Kleinkind, das alle Fürsorge braucht.
Mir kommen wieder die Tränen in diesem Moment. Es ist unfassbar für mich, was so ein Hirnschlag von einer Sekunde auf die andere aus einem lebhaften und gestandenen Menschen machen kann.
Der Zeitpunkt scheint mir passend, mich zu verabschieden.
Noch einmal streichle ich meiner großen Schwester die Wange, küsse sie und verspreche ihr, sobald wie möglich wiederzukommen.

Nach Hause

Es beruhigt mich, dass sie jetzt nicht alleine ist, insbesondere, dass unsere Mutter und meine Schwägerin bei ihr sind.

Im Flur begegne ich noch einmal der Krankenschwester von vorhin, sie ist bereits in Zivil, woraus ich schließe, dass sie jetzt Feierabend hat.
Gemeinsam verlassen wir die Station, sie nimmt den Aufzug und ich entscheide ich mich für die Treppen, schließlich werde ich anschließend wieder eine gute halbe Stunde hinterm Steuer sitzen.
Zügig nehme ich die Stufen nach unten, wobei ich feststelle, dass es sogenannte Zwischengeschosse gibt. Jedes Mal wenn ich mich der nächsten Etage nähere, dringen andere Stimmen und Geräusche an mein Ohr. Am schönsten sind die Laute aus der Wochenstation. Da hört man schon von weitem das typische „Gequäke“ der Neugeborenen, das wieder ganz anders klingt, als das gelegentliche Weinen von der Kinderstation.

Wenn man bei der „Inneren“ vorbeikommt, ist es ziemlich still. Da ist vielleicht mal das Klappern von Geschirr oder das einsame und endlose Klingeln des Telefons aus dem Schwesternzimmer zu vernehmen.

Jetzt bin ich im ersten Stock angelangt und gemischtes Stimmengewirr macht sich breit, das kann nur von der Eingangshalle kommen.

Noch ein paar Stufen und ich befinde mich wieder an der Pforte.

Bevor ich mich zur Drehtür begebe, schaue ich mich noch mal um und entdecke schräg gegenüber den Aufzügen eine Cafeteria mit Kiosk. Gut zu wissen fürs nächste Mal!

Ich knöpfe meinen Mantel zu und wickle meinen Schal etwas dichter um den Hals, draußen sieht es ungemütlich aus.

Wie ich ins Freie trete, bläst mir der Wind noch kälter und heftiger um die Ohren als bei der Ankunft.

Und dann ist da auch wieder diese angsteinflößende Brücke!

Oh nein! Soll das jetzt jedes Mal meine Prüfung werden, wenn ich Chris besuche?

Ob ich diese Furcht jemals in den Griff kriege?

Ich muss eine Strategie entwickeln!

Einmal tief Luft holen und zackig drüber! Gar nicht lange nachdenken!

Gedacht, getan!

Am andern Ende angekommen, suche ich erst mal den Kassenautomat.

Nachdem ich die geforderte Gebühr beglichen habe und meinen Parkschein wieder in Händen halte, nehme ich Kurs auf meine Parkreihe, die zum Glück auf derselben Ebene liegt.

Mir ist kalt und es fängt bereits an zu dämmern, also nichts wie ins Auto und den Heimweg angetreten! Und wieder geht’s in Serpentinen nach unten.

Als ich schließlich das Parkhaus verlasse, stelle ich fest, dass es auch noch angefangen hat zu nieseln.

Das passt so richtig zu der ganzen Situation. Ich drehe die Fußheizung voll auf, um wenigstens warme Füße zu kriegen.

Die Stille im Auto ist hilfreich, so kann ich das eben Erlebte erst mal in Ruhe verdauen.

Was kommt da wohl alles auf uns zu, denke ich.

Es ist, als stünde ich unter Schock.

In meinem Herzen krame ich nach Erinnerungen mit Chris, nach fröhlichen erst mal, die das traurige Bild von vorhin übertünchen sollen.

Längere Zeit arbeitete meine Schwester für eine Bäckerei als „mobile Verkäuferin", das heißt, sie besuchte mit einem Lieferwagen Dörfer ohne eigene Bäckerei und hielt an bestimmten Ecken, um ihre Backwaren zu verkaufen. Irgendwann nahm sie auch unseren damaligen Wohnort in ihre Tour auf und zwar immer freitags.

Einmal kam Chris auf eine Tasse Kaffee und eine Zigarettenlänge bei uns vorbei. Wir bewohnten zu der Zeit ein altes Fachwerkhaus. Sie nahm die Hintertreppe, die direkt rauf zu unserer Küche führte, legte den bestellten „Zweipfünder", der dunkelbraun glänzte und appetitlich duftete, auf den Tisch, setzte sich und erzählte von der hinter ihr liegenden Woche.

Ein „Zwerg" jedoch hatte diese Szene mit großen Augen beobachtet.

Unbeachtet krabbelte unser Sohn Gabriel unter dem Küchentisch durch, kletterte auf die Bank, schnappte sich fix den Brotlaib und biss genussvoll in das eine Ende.

Das ging so schnell, dass ich nicht mal Zeit hatte, etwas zu sagen. Mit offenem Mund und vermutlich ziemlich dämlichem Gesichtsausdruck stand ich da. Meine Schwester brach augenblicklich in schallendes Gelächter aus, Gabriel stimmte triumphierend mit ein und hüpfte vor Wonne auf der Bank auf und ab. Dieser Knirps mit seinen knapp zwei Jahren! Was für ein Schlingel!

Sie hatte schon immer viel Sinn für Komik und er feierte seinen 1:0-Sieg über Mutters Handlungsunfähigkeit.

Die Beiden verstanden sich prächtig – zwei verwandte Seelen.

Als ich wieder aus dieser Erinnerung auftauche, höre ich mich selbst lachen. Wie gegenwärtig mir doch das noch alles ist!

Meine Erfahrung sagt mir, dass solche Erinnerungen besonders und gehäuft auftauchen, wenn ein nahestehender Mensch gestorben ist. Man hat Angst, dass das Bild des anderen verblasst und hält es mit dem permanenten gedanklichen Hervorholen am Leben, zumindest eine gewisse Zeit lang.

Der Alltagsstrom reißt uns unwillkürlich, aber auch barmherzig mit, neue Eindrücke lösen alte ab.

Manchmal schaust du erschrocken zurück, weil du vor lauter Leben den Toten fast vergessen hättest.

Und dann stellst du fest, dass du dich schon viel weiter von dem Gegangenen entfernt hast, als du dachtest.

Vielleicht weißt du nicht mehr so gut, wie seine Stimme klang.

Oder du versuchst dich zu konzentrieren, um eine Begegnung mit ihm wieder lebendig werden zu lassen.

Irgendwann gelingt auch das nicht mehr richtig. Und wenn dann schließlich zwanzig Jahre oder mehr vergangen sind, kommt es dir vor wie eine Geschichte, die du einmal gelesen hast, oder wie ein Lieblingsfilm, den du zigmal gesehen hast.

Wahrscheinlich muss das so sein, sonst würde man ein Leben lang trauern und hätte keine Kraft mehr für die Gegenwart.

Mittlerweile habe ich die Bundesstraße verlassen und bin abgebogen. Diese Strecke führt durchs Tal an Chris‘ Wohnort vorbei.

Meine Familie wird auf mich warten. Inzwischen müsste auch mein Mann längst zu Hause sein, er hatte Nachtbereitschaft im Kinderheim und kommt dann meist erst am Nachmittag nach Hause.

Ich hoffe, dass die Kinder ihre Schulaufgaben gemacht haben und dass unsere fünfjährige Tochter Lilly rechtzeitig aus dem Kindergarten abgeholt wurde.

Der Alltag hat mich wieder!

Zuhause finde ich alles bestens vor, Erich und die Kinder sind grade dabei, das Abendbrot vorzubereiten.

Schließlich sitzen mein Mann und ich mitsamt unseren fünf Kindern um den Tisch, es ist fast wie jeden Abend.

Bloß diesmal sind keine Ereignisse aus dem Kinderheim, der Schule oder dem Kindergarten zu hören, kein fröhliches Gekicher und auch kein Zank.

Heute Abend erzähle ich, wie ich Chris angetroffen habe und was der Arzt gesagt hat.

Fragen wie „Wird sie wieder gesund?“ und „Was sind Metastasen?“ beschäftigen die Geschwister sehr.

Aufgewühlt durch die Auseinandersetzung mit dieser ernsten Situation sind sie nur schwer zum Schlafengehen zu bewegen.

Ich sitze bei der Jüngsten auf der Bettkante, die beiden Jungs haben es sich am Fußende bequem gemacht.

So schließen wir jeden Tag gemeinsam ab, indem ich eine Geschichte vorlese, wir zusammen beten und manchmal noch ein Abendlied singen.

Heute aber hat das Ganze mehr Gewicht.

Wir laden unsere Angst und Sorge um Chris bei Gott ab und bitten um ruhigen Schlaf, eine schmerzfreie Nacht für sie und Zuversicht für alle Beteiligten.

Der Papa kommt dazu, um jedem einen Gute-Nacht-Kuss zu geben.

Zum Abschluss kuscheln wir noch ausgiebig, bis jedes unter seine Bettdecke schlüpft, ich das Licht ausschalte und nach einem „Schlaft gut“ die Tür hinter mir zuziehe.

Was für ein Tag!

Im Wohnzimmer sitzen erwartungsvoll Sophie und Nikola, unsere beiden Teenager.

Wir gesellen uns zu ihnen und reflektieren noch mal die jüngsten Ereignisse.
Gemeinsam trägt sich alles leichter.
Die Erinnerungen gehen ein Jahr zurück, als mein ältester Bruder auf tragische Weise tödlich verunglückte.
Er war nachts auf dem Nachhauseweg von der Arbeit, befuhr eine Schnellstraße.
Zur selben Zeit wendete ein LKW mühsam auf dieser Fahrbahn, direkt hinter einer unübersichtlichen Kuppe. Der Wagen meines Bruders näherte sich – er prallte ungebremst gegen die Breitseite des Lastwagens, er hatte ihn gar nicht sehen können. Sein PKW fing sofort Feuer und er starb noch an der Unglücksstelle.

Damals saßen wir auch abends im Wohnzimmer beieinander, keiner konnte schlafen vor Entsetzen. Das ist alles noch so nah.
Und heute jährt sich das erstmals und wird verdrängt von anderer Sorge. Wir sind auf das Schlimmste gefasst.
Immer wieder versuchen wir zu ergründen, was der Ursprung dieser Krankheit sein könnte.
Uns fällt ein, dass bei Chris vor rund zwölf Jahren ein Melanom auf dem Rücken entdeckt wurde, die schlimmste Art von Hautkrebs. Man schnitt es damals großzügig und tief heraus.
Nach zehn Jahren regelmäßiger Kontrolle wurde sie für geheilt erklärt.
Doch auch in dieser Zeit verlor sie nie ihren Humor.
Meist war sie knapp bei Kasse, aber immer sehr tapfer und leistete sich gelegentlich ein paar kleine Extras.
Im Mai kam sie einmal mit einem Arm voll Spargel daher und meinte fröhlich: „Krebs hin, Krebs her, zu Pfingsten gibt's Spargel!"
Sie hat sich das Leben nie vergraulen lassen, sie fand immer eine Gelegenheit sich zu freuen.

Mir wird auf einmal bewusst, dass sie in den vergangenen Monaten über gelegentlich auftretende starke Kopfschmerzen in Verbindung mit Sehstörungen klagte. Von meiner Mutter hörte ich, dass sie einmal von einer Abendveranstaltung nach Hause kam und während der Fahrt Probleme hatte, die Spur zu halten, weil sie alles doppelt sah. Daraufhin ließ sie sich zu einem Spezialisten überweisen. Dieser nahm wohl Messungen der Gehirnströme vor, konnte aber nichts Beunruhigendes feststellen.

Das könnte durch die Metastasen hervorgerufen worden sein, mutmaße ich. Aber was bringt das jetzt noch? Man sucht nach Erklärungen, um besser zu verstehen, sicher. Dennoch ändert das nichts an der Situation.
Inzwischen ist es spät geworden und die Töchter verschwinden nach ausgiebigem Umarmen in ihre Zimmer.
Ich telefoniere noch mit meiner Mutter und meinen Schwestern Anne und Eva, jede hat die eine oder andere neue Information. Wir stimmen unsere Besuchszeiten ab, damit es nicht zu viel wird für Chris.
An diesem späten Abend fallen auch Erich und ich erschöpft ins Bett.

Bittere Wahrheit

Im Laufe der Woche erholt sich meine Schwester ein wenig.
Sie bekommt bereits Krankengymnastik und Ergotherapie, um die gelähmten Gliedmaßen der rechten Körperhälfte zu durchbluten und vielleicht wieder in Gang zu bringen. Eifrig übt sie, als ob es um die Olympischen Spiele ginge.
Täglich macht sie Sprechübungen und erste Erfolge stellen sich ein. Stolz gibt sie uns ein paar Kostproben, indem sie schwierige Wörter langsam und deutlich vorträgt.
Was für ein starker Wille und eisernes Durchhaltevermögen doch in ihr leben.

Regelmäßig suchen wir den jeweils diensthabenden Arzt auf und wollen auf dem Laufenden gehalten werden.

Am ersten Wochenende kommen außer mir und meinem Mann Erich auch unsere Mutter und meine anderen beiden Schwestern zu Besuch.
Anne lebt in der Nähe, nur Eva wohnt in der Mitte von Deutschland und hat knapp vier Stunden Autofahrt zu uns. Meine Schwestern tauchen eine nach der anderen in kurzen Abständen vor dem Stationszimmer auf. Da reißt besagtem jungem Arzt der Geduldsfaden: „Das gibt's doch nicht, und sie wollen alle Schwestern der Patientin sein? Wie viele kommen denn da noch?"
Beschwichtigend versichern wir ihm, dass es nicht mehr werden.
Es ist sicher oft schwer, Arzt auf solch einer Station zu sein.
Vorsichtig fragen wir nach, ob sie nicht doch wieder gesund werden könnte, nachdem sie so erfolgreich ihre Sprache erlangt hat.
Man kann es fast nicht glauben, dass sie todkrank ist, sie hat so viel neue Energie. Hoffnung keimt in uns auf. Es könnte doch ein Wunder passiert sein, oder?

Diesmal braucht der junge Arzt Verstärkung und so kommt der Chefarzt noch dazu und beide machen uns deutlich, dass es nur ein Hinauszögern gibt, jedoch keine Heilung.
Trotzdem starten die Ärzte eine erste Strahlentherapie und geben noch Cortison, um – wie anfangs erklärt – die Ödeme rings um die Metastasen schrumpfen zu lassen und den großen Druck im Kopf zu verringern.
Die Schwester hatte uns alle grade eben hinaus gebeten, um die Betten aufzuschütteln. Wir teilen uns auf, manche nehmen die Treppe, andere fahren mit dem Aufzug ins Erdgeschoss

An diesem Nachmittag treffen wir uns als Familie in der Cafeteria. In einer Nische des Cafés haben wir ein wenig Ruhe und können ungestört sprechen.

Es geht darum, ob wir Chris sagen sollen, dass sie nicht mehr lange zu leben hat, oder ob wir sie in der Annahme lassen sollten, dass sie wieder gesund wird.

Die Einen möchten sie bewahren vor erneutem Kummer und sind dafür, dass sie nichts erfährt. Es wäre so viel einfacher, ihr die Illusion zu lassen, dass alles wieder gut wird.

Die Anderen sind unentschlossen, scheuen generell eine Entscheidung zu treffen.

Ich bin für die Wahrheit und bemühe mich, alle davon zu überzeugen. Man sollte ihr sagen, wie es um sie steht, auch wenn es noch so schmerzlich für sie ist.

Ein Mensch hat das Recht darauf die Wahrheit zu erfahren, finde ich. Bestimmt gibt es wichtige Dinge zu regeln, vielleicht Beziehungen zu bereinigen, etc...

Man stelle sich vor, wie es einem selber ginge, wenn man wüsste, dass man nur noch kurze Zeit zu leben hätte.

Manch einer würde vielleicht mit Schrecken erkennen, dass er noch nicht bereit ist.

Jeder muss die Gelegenheit haben, sein Leben mit Gott und soweit möglich, auch mit den Menschen in Ordnung zu bringen, falls er das bis dahin noch nicht getan hat.

Sie hat Vertrauen zu uns und ich würde mir wie ein Betrüger vorkommen, indem ich ihr etwas vormache.

Und doch ist die Sache heikel, denn sie hat grade so viel Mut und Auftrieb gewonnen.

Endlich kann sie sich wieder mitteilen, das Sprechen funktioniert ganz gut.

Sie freut sich so über ihre Fortschritte.

Wir werden ihre ganzen Hoffnungen begraben, wenn wir sie mit der harten Wahrheit konfrontieren, das wird uns klar.

Schon bei der Vorstellung wird mir das Herz ganz schwer, es ist eine vertrackte Situation.

Aber das ist besser, als sie in die Irre laufen zu lassen.

Die Zeit drängt, Chris wartet vermutlich schon darauf, dass wir wieder zurückkommen, die Krankenschwester muss längst fertig sein mit dem Bettenmachen.

Nun denn, eine muss es ihr sagen!

Und keine will es.

Alle blicken schweigend zu Boden.

Ich breche die minutenlange Stille und erkläre mich bereit dazu, es ist schließlich meine Bitte gewesen.

Wir bezahlen unseren Kaffee an der Theke, verlassen gemeinsam die Cafeteria und begeben uns wieder nach oben.

In dem Moment, in dem die Aufzugtüren schließen, wird mir klar, was ich da grade „unterschrieben" habe. Was habe ich mir da bloß eingebrockt! Und – ist es wirklich der richtige Weg? Zweifel steigen in mir hoch.

Unsere Mutter, Chris' Kinder und ich betreten erneut das Krankenzimmer, die Andern warten erst mal draußen, sonst wird es zu viel für meine Schwester.

Sie schaut in unsere Richtung und wird ernst, wahrscheinlich ahnt sie etwas.

Während ich mit bleischweren Füßen auf ihr Bett zugehe, hole ich tief Luft und flehe Gott im Herzen an, mir die richtigen Worte in den Mund zu legen und mir Mut zu geben.

Ich spüre die Wärme der Anderen um mich herum und wage es.

„Schwesterherz, wir müssen dir was sagen." Fragend schaut sie uns an.

„Die Ärzte tun alles, um deine Schmerzen zu lindern, aber sie sind nicht in der Lage, dich zu heilen."

So, jetzt ist es raus!

Wir schauen uns fest in die Augen.

Plötzlich weint sie, aber nur kurz, dann wischt sie sich mit der gesunden Hand die Tränen weg und sagt energisch und entschlossen:

„Ich bin ein Kämpfer und lasse mir dies bisschen Leben nicht so einfach wegnehmen!"

Fest drücke ich ihre Hand. So ist sie!

Und ich komme mir vor wie ein Schuft, weil es so aussieht, als ob ich ihre Hoffnung zerstören wolle.

Viel lieber hätte ich ihr etwas anderes gesagt, es tut mir so weh.

Und doch habe ich größten Respekt vor ihr, weil sie so tapfer ist und nicht in Selbstmitleid versinkt.

Irgendwie weiß ich nicht mehr, was ich noch sagen soll, außer ihr die Hand zu halten. Gott sei Dank sind ihre Kinder, meine Mutter und Schwestern noch da, die sich um sie kümmern können.

Als ich am Ende dieses Tages das Krankenhaus verlasse, wird mir mehr als je zuvor bewusst, dass jeder Besuch bei ihr der letzte sein kann, nachdem ich ihr das jetzt so klar gesagt habe. Keine Illusionen mehr, nicht für sie und nicht für uns.

Mein Gang zum Auto ist schleppend, ich habe Angst, sie zu verlassen.

Soll ich wirklich nach Hause fahren? Für einen Moment bleibe ich stehen und drehe mich zweifelnd um, halte inne.

Wie wird sie damit klarkommen?

Wenn alle ihre Lieben nach der Besuchszeit weg sind und sie sich nicht mehr zusammenreißen muss, wie geht es ihr dann?

Sie muss sich so verlassen vorkommen.

Könnte ich ihr doch wenigstens helfen, diese Last zu tragen.

Am liebsten würde ich die ganze Nacht bei ihr bleiben, sie fest im Arm halten und nicht mehr loslassen bis zum Ende.

Aber zu Hause warten mein Mann, meine Kinder – und die brauchen mich auch.

Also: Blick nach vorn und weitergehen! Die Verantwortung liegt zum Glück nicht bei mir allein.

Sehnsucht

Fast unmerklich und sachte fängt es an zu schneien.
Ich gehe schneller.
Die Angst vor der Brücke fällt mir erst ein, nachdem ich sie überquert habe!
Frierend erreiche ich das Parkhaus.
Eilig bezahle ich die Parkgebühren.
Schweren Herzens und mit vor Kälte verkrampftem Körper besteige ich unseren Bus.
Alles geht mechanisch – das Ausparken, das Gekurve nach unten, das Einfädeln in den Straßenverkehr.

In der Straßennässe spiegelt sich das Scheinwerferlicht.
In diesem Moment bin ich wieder einmal froh, dass außer mir niemand im Wagen sitzt.
Auch die Strecke ist lang genug, um das Erlebte Revue passieren zu lassen und anschließend wieder auf Familie mit Zukunft umschalten zu können.

Gerade in solchen Dingen erkenne ich dankbar Gottes Beistand, indem er mir zum Beispiel diese notwendige gute halbe Stunde schenkt, die ich brauche, um mich wieder auf Zuhause auszurichten, soweit das möglich ist.
Ich bin zügig unterwegs, die Heizung macht sich langsam bemerkbar.
Meine Glieder entspannen sich nach und nach durch die wohlige Wärme.
Kurz überlege ich, welche Richtung ich diesmal einschlage.
Es gibt ja mehrere Möglichkeiten. Die Bundesstraße ist gut ausgebaut und man kommt zügig voran, auch wenn es die weitere Strecke ist. Die

Landstraße ist enger und in schlechterem Zustand, aber ich käme an Chris' und anschließend an meinem früheren Wohnort vorbei.

Schließlich entscheide ich mich doch wieder für meine „Heimat-Tour". Sie ist schließlich auch weniger befahren, sage ich mir.

Diese Talstrecke birgt viele Erinnerungen, schöne und traurige.

Automatisch drossle ich das Tempo, um trotz Dämmerung die Landschaft genießen zu können.

Die Dörfer sind hier recht dicht aneinandergereiht, mehr als drei Kilometer ist keines vom andern entfernt.

Die Abstände zwischen ihnen scheinen eher geringer zu werden durch die stetige Ausdehnung der Ortschaften.

Immer mehr Industrie siedelt sich in diesem romantischen Flusstal an.

Aber auch Wohnsiedlungen entstehen, wo vorher die Kühe grasten, damals, als ich hier noch im Schulbus vorbeifuhr.

Auf freier Strecke, kurz vor der gigantischen Autobahnbrücke, die das Tal überspannt, nähere ich mich einer einst gefährlichen Kurve, in der mein damals 22-jähriger Bruder Martin sein Leben verlor.

Es gab einen Frontalzusammenstoß zwischen zwei Autos, eines davon steuerte er.

Automatisch fahre ich hier immer besonders vorsichtig, obwohl diese Straße inzwischen verbreitert und die Kurve entschärft wurde.

Eigenartig ist das schon mit den Erinnerungen:

1975 ereignete sich dieses Unglück. Es hat mir damals den Boden unter den Füßen weggezogen. Ich war gute fünfzehn Jahre alt und Martin war zu der Zeit meine Hauptbezugsperson. Unbegreiflich war das für mich!

Ein Jahr zuvor hatte ich mich vehement von Kirche und bevorstehender Konfirmation abgewandt, ich weigerte mich, Bibelverse zu lernen und einen Glauben zu heucheln, den ich damals nicht hatte.

Aber nun suchte ich jemanden, den ich verantwortlich machen konnte für diesen sinnlosen Tod. So klagte ich ausgerechnet Gott an, irgendwie ahnte ich schon, dass es ihn geben musste. Dieser Verlust trieb mich sehr um.
In meinen Träumen fand ich mich in einem Wald wieder. Immer kämpfte ich mich durch Gestrüpp und über holprige Wege, bis ich schließlich vor einem riesigen, hohen Turm stand. Er war rund gemauert und ohne Dach, es gab eine Tür, jedoch keine Klinke.
Ich wusste, dass mein Bruder dahinter sein musste und rief immer wieder nach ihm, aber es kam nie eine Antwort.
Von außen konnte ich die Tür nicht öffnen und somit nicht zu ihm gelangen. Immer wieder flehte ich Gott an, mir aufzumachen, dass ich zu ihm hinein könnte. Martin fehlte mir so sehr.
Im Traum hörte ich eine Stimme, die mir sagte, dass ich als Lebende keinen Zutritt zu diesem Turm hätte und dass ich darin auch nicht das fände, was ich suchte.
Nicht mein Bruder könne mir helfen, mit meinem Leben klarzukommen.
Damals machte ich verzweifelte Versuche, hin und wieder in der Bibel zu lesen und dort Antworten zu finden…

Viele Jahre haben sich darübergelegt mit all ihrer Intensität, haben den Abstand vergrößert, den Kummer gelindert und die Bilder sind langsam verblasst.
Inzwischen kommt es mir so vor, als ob das Mädchen damals am offenen Grab eine andere war und die damit verbundenen Erinnerungen irgendeiner Geschichte entstammen.

Heimat

Nach einigem Berg-und-Tal-Gekurve auf unseren sogenannten „Malefiz-Sträßchen“ komme ich diesem besonderen Ortsschild näher, das den Namen meiner Heimat trägt.

Mein Schild!

Sooft ich auch hier vorbeifahre, bewegt mich das sehr. Und obwohl ich woanders geboren bin – aufwachsen durfte ich hier und all das Erlebte prägte sich sehr in mein Herz ein.

Irgendwann ist mir mal aufgefallen, dass bei fast allen Büchern, die ich je gelesen habe, und in vielen Träumen, die ich geträumt habe, mein Heimatdorf sozusagen das „Bühnenbild“ abgegeben hat.

Sei es die Burg, ein Gehöft, die Küche eines Nachbarn, ein Waldstück oder ein Weg.

So sehr habe ich den Rahmen meiner Kindheit verinnerlicht! So sehr liebe ich diesen Ort und seine Umgebung, meine Erinnerungen.

Vor dem Schild gibt es eine Parkbucht am Waldrand, in die ich einbiege und anhalte. Ich drehe den Zündschlüssel um und lehne mich ein wenig zurück. Hier draußen ist es ganz still, nur ab und zu kommt mal ein Fahrzeug vorbei, der richtige Ort zum Abschalten.

Meine Gedanken tauchen ein in längst vergangene Kindertage und suchen danach, wie alles hier anfing…

Unser Vater starb sehr jung nach drei Schlaganfällen, er war grade einmal achtunddreißig und hinterließ unsere Mutter mit sechs Kindern. Als Mechanikermeister hatte er ein Geschäft für Schreibmaschinen und Büromöbel geführt, das wir nach seinem Tode aufgeben mussten.

1962 im Herbst war es, als Freunde uns in ihr kleines Dorf holten, ungefähr 150 Kilometer entfernt von „unserer“ Stadt. Sie bewirtschafteten dort einen Bauernhof.

Insgesamt bestand dieses Dorf aus sechs Bauernhöfen und einem großen, alten Haus, das eine außergewöhnliche, zugezogene Familie nebst Anhang beherbergte, die von Kunsthandwerk lebte: Sie fertigten Holzpuppen an mit beweglichen Gliedern und fröhlich bunten Kleidern, sowie kleine, einfache Holzpferdchen und Strohsterne.

Und von diesem Dorf aus gab es einen Schotterweg, leicht bergab gehend, von Laubbäumen und Büschen beschattet, der vor einer Burg endete.

Der Fahrer manövrierte den Umzugs-LKW durch das mächtige, weit offene Eisentor und stoppte das Fahrzeug im weitläufigen Schlosshof. Wir kletterten einer nach dem anderen aus der Fahrerkabine und blieben staunend und ehrfürchtig vor diesem Gemäuer stehen. Welch ein beeindruckender Anblick!

Rechterhand, gleich hinter dem Tor, lud freundlich und hell das ehemalige Försterhaus zum Nähertreten ein. Bis zur halben Höhe war es weiß verputzt. Darüber, ab Fensterhöhe, verkleideten einfache, dunkelbraun gebeizte, inzwischen bereits verwitterte Fichtenbretter das Wohngeschoss. Einst dunkelgrüne Holzfensterläden flankierten weißgerahmte Flügelfenster.

Unter einem soliden Walmdach barg sich dieses Gebäude vor Wind und Wetter.

Ja, dieses Haus hatte durchaus Charakter!

Gegenüber präsentierten sich zwei mächtige, uralte Linden in ihrer schönsten Pracht. Der Herbst hatte ihre Häupter mit purem Gold gekrönt, wie es sich für solch einen Ort gehörte.

Im Hintergrund ragte ein klotziger Palas empor, der nur durch die Eingangshalle im Försterhaus und über eine freie Treppe mit ausgetretenen Steinstufen zu erreichen war. Die Halle selbst voller Hirsch- und Reh-Geweihe an den Wänden ließ keinen Zweifel daran, dass es sich hier um ein Jagdschloss handeln musste.

Wilder Efeu überwucherte undurchdringlich die steile Südwand des Gebäudes und zwängte sich an losen Stellen durch das Gemäuer, als ob es galt, Prinzen abzuhalten. Den Treppenaufgang flankierte eine drei Meter hohe Wand, von Schießscharten durchsetzt. Obenauf waren die Reste eines Stacheldrahtes zu sehen, befestigt an rostigen Eisenstäben.

Beim Blick durch die oberste Schießscharte sah man auf einen großen Nutz- und Ziergarten mit dazugehörigem Quittenbaum als Abgrenzung – die Försterleute mussten sich hier oben weitgehend selbst versorgen.

Wenn man seinen Hals noch etwas weiter nach rechts reckte, konnte man eine wuchtige Kastanie bewundern, sowie ehemalige Stallungen und Kutscherunterkünfte, zum Teil originales, schönes Fachwerk, das sich dicht an die Schlossmauer schmiegte.

Wandte man der Mauer den Rücken zu, gelangte man durch einen von Efeu berankten Torbogen in den Innenhof, der verborgen hinter einer hohen, rosenbewachsenen Mauer lag.

Wache hielt ein uriger Bergfried mit Blick nach Norden, etwas düster wirkte er schon.

Der Wind musste vor längerer Zeit den Samen eines Stachelbeerstrauches zu diesem einsamen Turm hinaufgepustet haben. Viel Nahrung fand er da nicht, der Strauch, recht kümmerlich bewegte er sich im Luftzug. Aber es war rührend anzusehen, wie er den Widrigkeiten seiner Lebensumstände trotzte.

Zu Füßen dieses wehrhaften Bergfrieds seufzte auf grünem Rasen eine bejahrte Eberesche im Herbstwind.

Vis-à-vis davon ein jüngerer, ockerfarbener zweigeschossiger Mittelbau, an dessen jeweiligen Enden sich Palas beziehungsweise. Bergfried befanden mit ihren Eingängen.

Die gesamte Wehranlage war umschlossen von einer einst schützenden, aber nun teilweise baufälligen, von Efeu bewachsenen Mauer.

Was wir im Jahr darauf feststellten: Im Sommer blühte darauf üppig wilder Fingerhut in leuchtendem Purpur.

Welch ein Anblick!

Da musste wohl Dornröschen gelebt haben, dachte ich damals manchmal.

Und dieser Ort sollte nun unsere neue Heimat werden!

Wir sechs Kinder hielten also mit unserer verwitweten Mutter Einzug in diese romantische, abgelegene Burg aus dem dreizehnten Jahrhundert, wo sie als Castellanin tätig sein sollte.
Jedoch nicht für lange Zeit lebten wir alle gemeinsam dort.
Im Alter von ungefähr siebzehn Jahren zog Chris als erste aus. Sie war die Zweitälteste.
Später verließen die Anderen zu Ausbildungszwecken beziehungsweise Wehrdienst nacheinander das Haus. An Weihnachten und Ostern, sowie in den Sommerferien tauchten sie meistens alle wieder auf, um im Familienkreise zu feiern.
Das war dann immer spannend und aufregend, weil sonst nur saisonal, das heißt von April bis Oktober, Schlossbesucher kamen.
Durchgangsverkehr gab es keinen.
Auch keine Buslinie, es brauchte einen Fußmarsch von gut zwei Kilometern ins Tal, um eine Bushaltestelle zu erreichen.
Mit Ausnahme von uns waren alle Dorfbewohner motorisiert.

Unsere Mutter besaß weder den Führerschein noch ein Auto. So kam es, dass wir immer einen freundlichen Nachbarn bitten durften, eins der ankommenden Geschwister vom Bahnhof abzuholen, welcher gut fünfundzwanzig Kilometer entfernt lag.
Das konnte mitunter abenteuerlich sein, wenn es grade tagelang tüchtig geschneit hatte. Und Räumfahrzeuge fuhren da nicht, das erledigten die Bauern mit ihren Traktoren. Bei solchen Witterungsverhältnissen durfte ich dann zu meinem Kummer leider nicht mitfahren zum Bahnhof.
Zu Ostern kam es gelegentlich vor, dass wir zu zweit oder zu dritt per Anhalter zu diesem Bahnhof fuhren, um eine der älteren Schwestern

abzuholen. Da wir aber so abgelegen wohnten, kamen wenige Autos vorbei, und so mussten wir einen großen Teil der Strecke zu Fuß gehen.

Frühzeitig machten wir uns auf den Weg, um auf jeden Fall pünktlich am Bahnhof zu sein. Dort wurde mit großer Spannung der Zug erwartet und wenn es dann so weit war, rannten alle zum Ausstieg. Jeder wollte der Erste sein zur Begrüßung. Manchmal redeten alle gleichzeitig durcheinander aus Sorge, nicht zu Wort zu kommen. Es war schließlich kein Wort zu verstehen und so ging es nochmal von vorne los, einer nach dem anderen.

Wir trotteten meist fröhlich erzählend und lachend vor uns hin, erfuhren die neuesten Witze, gaben den aktuellen Dorfklatsch im ortsüblichen Dialekt wieder, schleppten abwechselnd die Reisetasche und verspeisten genüsslich das noch warme Brot, welches wir vom Bäcker für das Abendbrot mitbringen sollten...

Zu der Zeit war es Mode, „Holzklapper" zu tragen. Dabei handelte es sich um Schuhwerk, das nur aus einer dicken, ergonomisch gewölbten Holzsohle mit Gummiprofil und einem verstellbaren Lederriemen über den Zehen bestand. Viel Halt gab es da nicht und doch sind wir kilometerweit damit gelaufen. Man war von weitem zu hören, aber nicht nur die Schuhe!

Meine Schwester Chris besaß nämlich eine chromatische Mundharmonika und spielte gekonnt zu unserem Mundorgel-Repertoire. Das machte Spaß, ein Lied reihte sich ans andere. Und der Heimweg erschien einem nur halb so weit.

Aber Chris machte das auch beim Radfahren, denn die Strecke zwischen Elternhaus und Lehrstelle legte sie mit einem Drei-Gang-Fahrrad zurück, das seinerzeit schon als ungeheuer fortschrittlich galt. Und wenn mir meine Erinnerung keinen Streich spielt, dann konnte sie einhändig fahren und gleichzeitig Mundharmonika spielen.

Ich meine, samstagabends diese Klänge aus einiger Entfernung wahrgenommen zu haben, noch bevor sie mit ihrem Rad in Sicht war.

Sie war auch bekannt als sehr flotte und ausdauernde Tänzerin auf allen möglichen Tanzveranstaltungen. Der „Twist“ war in Mode gekommen und sie beherrschte diesen neumodischen Tanzstil perfekt. Es soll des Öfteren vorgekommen sein, dass man bereits die Stühle hochgestellt, sie aber immer noch nicht genug hatte.
Ich wollte diesen verrückten Tanz als kleines Mädchen auch lernen und sehe uns noch im Flur auf dem glatten Linoleum-Fußboden zu der Musik von „Let's twist again“ tanzen und versuche einmal, das zu beschreiben:
Die Kunst bestand darin, im schnellen Rhythmus mit angewinkelten Armen den Oberkörper zu drehen, in gegenläufigen Abwärtsbewegungen mit wedelnden Knien die Hüften zu schwingen und die Fußspitzen in den Boden zu drehen, mal das rechte Bein und wieder nach oben schwingen, dann das linke Bein und so weiter. So ungefähr! Recht chaotisch! Ich vermute, dieser Tanz wurde von einem Skifahrer erfunden, der im Sommer mit Musik Trockenübungen machte.
Welch eine temperamentvolle und pfiffige junge Dame sie doch war, voller Lebensfreude und immer auf Achse!
Was haben wir Spaß zusammen gehabt, rumgealbert und gelacht! Diese Erinnerungen sind so lebendig, als wäre es gestern gewesen.

Schmunzelnd raffe ich mich wieder auf und starte den Wagen. Ich muss nach Hause! Es ist spät geworden.

Zerrissenheit

Aber ich kann diese Erinnerungen nicht wirklich genießen, sie werden am Ende zur Qual. Immer wieder taucht die niederschmetternde Prognose der Ärzte in meinen Gedanken auf.

Ich umklammere das Lenkrad, als wäre es Chris' Leben, das ich festhalten möchte.

Und doch sagt eine leise Stimme zu mir: „Du kannst es nicht!"

Der Verstand weiß das alles, aber das Herz wehrt sich dagegen.

Mir schießen die Tränen in die Augen, ich lasse sie laufen, hier sieht mich keiner.

Kurze Zeit später komme ich zu Hause an, die Familie sitzt schon am Tisch.

Beim Anblick und Duft von Erichs raffinierter „Reste-Pfanne" bekomme ich doch Appetit und lasse mir einen Teller füllen.

„Wohl dem, der eine Heimat hat!", geht es mir durch den Sinn. Woher kenn' ich das? Irgendein bekannter Schriftsteller hat das mal in einem seiner Bücher hervorgehoben. Wahrscheinlich viel zitiert und abgedroschen, aber Recht hatte er.

Wie viel trauriger säße ich jetzt da, ohne dieses liebevolle Nest.

Bewusster noch als gestern genieße ich das Abendbrot, den teilnehmenden Austausch untereinander und die kleinen Streicheleinheiten.

Nachdem irgendwann alle Kinder in ihren Zimmern verschwunden sind, haben Erich und ich Zeit füreinander.

Ab und zu tut da ein Gläschen Rotwein bei Kerzenschein ganz gut.

Heute hat er keinen Nachtdienst und so machen wir es uns gemütlich. Es gibt doch einiges zu besprechen, was uns selber beziehungsweise unsere Kinder betrifft.

Wir haben Mitte Januar und es geht auf die Halbjahres-Zeugnisse zu. Die schulischen Leistungen unserer Kinder sind durchweg zufriedenstellend.

Ein wenig Sorgen machen wir uns nur um unsere älteste Tochter, sie hatte ihr elftes Schuljahr mit langwierigen Krankheiten begonnen. Dadurch fehlte sie mehrere Wochen im Unterricht und war teilweise nicht in der Lage, zu Hause Schularbeiten zu erledigen.

Aber sie hat ja noch Zeit bis zu den Sommerferien und ihr Wille, es zu schaffen, ist recht stark, also warten wir es ab.

Ich erzähle meinem Mann, wie wir es Chris beigebracht haben, dass sie an dieser Krankheit sterben wird.
Mir tut das selber so weh. Und jetzt liegt sie ohne Beistand der Familie im Krankenhaus, wahrscheinlich schlaflos.
Welch ein Unterschied! Wir sitzen hier friedlich beisammen und sehen unserer Zukunft als Familie zuversichtlich entgegen und sie muss sich alleine mit ihrem nahenden Ende abfinden.

In dieser Nacht finde auch ich lange keine Ruhe.
Mir wird klar, dass spätestens an diesem Punkt ein Abschiednehmen beginnt.
Aber das birgt auch eine besondere Chance in sich: Wenn Gott will, haben wir noch genug Zeit, Chris unsere Liebe zu erweisen und ganz gezielt Zeit mit ihr zu verbringen.
Rückblickend fällt mir ein, wie meine beiden Brüder so plötzlich aus dem Leben gerissen wurden. Es gab keine Möglichkeit mehr, Ungeklärtes zu bereinigen, oder dem Andern einmal zu sagen, wie gern man ihn hat. Unvorbereitet wird man getrennt und quält sich vielleicht lange mit Vorwürfen.
Im Hinblick auf Chris tröstet mich diese Erkenntnis. Wie viel Zeit uns noch bleibt, wissen wir allerdings nicht.
Aber das Beste draus machen können wir allemal.
Gleich morgen werde ich sie wieder besuchen und ihr eine Freude machen, mir wird schon etwas einfallen. Ermutigt drehe ich mich auf meine „Einschlafseite“ und lasse all meine Sorgen los.

Ostsee- und andere Strände

Am nächsten Tag kaufe ich ein paar leuchtend gelbe Narzissen und lasse sie mit zarten Zweigen und frischem Grün zu einem Frühlingsstrauß binden.

Dazu eine Flasche Fruchtsaft und dragierte Lakritzstäbchen, die mochte sie schon als Kind so gerne. Wenn sie sprachlich weiter solche Fortschritte macht, kann sie sicher bald ihre speziellen Wünsche äußern. Jeder wird ihr liebend gerne noch eine Freude machen, so lange es geht.

Zufrieden mit der Wahl meiner Mitbringsel mache ich mich am späten Nachmittag auf den bereits zur Routine gewordenen Weg. Doch diesmal habe ich unsere Jüngste dabei, sie möchte ihre Tante wiedersehen.

Unterwegs bereite ich sie darauf vor, dass Chris anders ist als vor ein paar Wochen.

Am ersten Weihnachtsfeiertag waren wir als Familie zusammen gekommen, so wie in jedem Jahr. Da hat Lilly sie letztmals bei uns erlebt. Chris ging es bei diesem Weihnachtskaffee nicht sehr gut, sie wirkte müde und litt unter Kopfschmerzen.

Unsere Jüngste ist gerade mal fünf Jahre alt und hat viele Warum-Fragen.

So bemühe ich mich, in einfachen Worten verständlich zu machen, warum ihre Tante halbseitig gelähmt ist und dass sie etwas seltsam spricht.

Im Krankenhaus angelangt, nehmen wir den Aufzug, um in den oberen Stock zu gelangen. Für Lilly ist das sehr aufregend, zumal wir selten Gelegenheit haben, einen Aufzug zu benutzen.

Auf leisen Sohlen betreten wir die Station und ich gehe voran, auf das bekannte Krankenzimmer zu.

Wir klopfen beide an und öffnen sachte die Tür.

Chris‘ Bett ist leer. Der Schrecken fährt mir in alle Glieder.

Sind wir zu spät?

Als uns die Nachbarin verrät, dass man sie in ein anderes Zimmer verlegt hat, atme ich erleichtert auf.

Also machen wir uns auf zum Stationszimmer und erkundigen uns bei der anwesenden Schwester nach der neuen Zimmernummer. Sie begleitet uns, um bei dieser Gelegenheit gleich mal nach dem Wohl und Wehe ihrer Patientin zu schauen.
Ich bin doch ein bisschen nervös bei dem Gedanken, wie sie die letzte Nacht verbracht hat.
Tatsächlich treffen wir sie etwas müde und zerschlagen an. Ihre beiden erwachsenen Kinder sind bereits bei ihr und haben die Kissen aufgeschüttelt und für eine bequemere Lage gesorgt. Lilly freut sich, die beiden so unerwartet wiederzusehen und landet sogleich auf Célines Arm.
Chris sieht sehr eingefallen aus.
Ihre Augen vom vielen Weinen verquollen, das Gesicht von Schmerzen und Verzweiflung gezeichnet.
Wenn man eine sonst so zupackende Frohnatur auf einmal in solch einem aufgelösten Zustand erlebt, ist das schlicht niederschmetternd.
Weinend und ohne ein Wort zeigt sie auf ein Bild an der Wand neben ihrem Bett.
Ich erkenne ein sehr schönes Erinnerungsfoto, das ihre beiden Kinder Frédéric und Céline strahlend und braungebrannt mit vom Wind zerzausten Haar auf der „Baltic Star“, einer Ostseefähre zeigt. Es ist schon ein paar Jahre alt, ich mochte das Bild schon immer.
Ja, diese Ferienaufenthalte in der Lübecker Bucht sind uns allen in kostbarer Erinnerung.
Früher konnte ich es nicht verstehen, dass manche Menschen immer wieder am selben Ort Urlaub machen. Ich stellte mir das sehr eintönig vor.
Inzwischen kann ich es gut nachvollziehen. Schon in so manchem Jahr durften wir Schwestern mit unseren Familien im verwunschenen kleinen „Häusel“ Ferien machen.
Solch ein Ort kann zur zweiten Heimat werden.

Mir kommt der Gedanke, dass Chris diesen Strand wahrscheinlich nie wiedersehen wird.
Und das ist ihr vermutlich über Nacht klar geworden.

„Hast du letzte Nacht überhaupt schlafen können?“, frage ich.
Sie schüttelt den Kopf und tupft sich mit einem zerknüllten, durchnässten Taschentuch die Tränen ab.
„Du hast viel nachgedacht?“
Stumm nickt sie und wieder laufen die Tränen.
Einen Momentlang überlege ich, wie ich sie trösten könnte.
„Weißt du noch, wie wir vor ein paar Jahren dort gemeinsam Urlaub machten?“
Zwischen die Tränen mischt sich ein zaghaftes Lächeln.
„Wir verbrachten schon eine Woche bei herrlichem Sommerwetter in der Lübecker Bucht.
Du kamst mit deinen beiden Kindern ein paar Tage später nach, im Anschluss an eine Schwedentour. Erinnerst du dich?“
Auch das weiß sie noch und nickt.
„Ich weiß noch genau, wie du den Koffer ausgepackt hast…!“
Einen Augenblick halte ich inne, um zu sehen, ob ihr einfällt, welche Story jetzt kommt, aber sie reagiert nicht. Ich fahre fort:
„Einen sommerlichen, weißen Plissee-Rock brachtest du zum Vorschein, reichlich kurz!“
Aha! Ein Schmunzeln zeigt sich in ihrem Gesicht…
„Bei näherem Hinschauen entdeckte ich zu meinem Erstaunen, dass jede Falte von oben bis unten mit unzähligen Stecknadeln fixiert war.“
Chris fängt heiser an zu lachen.
„Es müssen Hunderte von Nadeln gewesen sein!“
(Das muss man sich mal vorstellen!)

„Ich hab' dich noch gefragt, wozu um alles in der Welt du dir diese Arbeit gemacht hast.

Mit entwaffnender Selbstverständlichkeit hattest du erwidert:

Blöde Frage! Glaubst du, ich will im Urlaub bügeln?"

Wir alle amüsieren uns köstlich in Gedanken an diese Szene und es tut gut, mal wieder lachen zu können, wenn auch auf dünnem Eis.

Über dem Ostsee-Foto hängt noch etwas anderes, was Chris' Aufmerksamkeit immer wieder fesselt.

Sie zeigt auf das Poster mit dem Sandstrand und den Fußspuren.

Das passt so gut zu ihrer Sehnsucht nach der Ostsee und das bekannte Gedicht von Margret Fishback-Powers hilft ihr durch so manches Tal. Daran klammert sie sich.

Sie bittet mich leise, es vorzulesen:

Spuren im Sand

Ich träumte eines Nachts,
ich ging am Meer entlang
mit meinem Herrn.
Und es entstand vor meinen Augen,
Streiflichtern gleich, mein Leben.

Nachdem das letzte Bild an uns
vorbeigeglitten war, sah ich zurück
und stellte fest,
dass in den schwersten Zeiten
meines Lebens
nur eine Spur zu sehen war.

Das verwirrte mich sehr,
und ich wandte mich an den Herrn:
„Als ich dir damals alles,
was ich hatte, übergab,
um dir zu folgen, sagtest du,
du würdest immer bei mir sein.
Warum hast du mich verlassen,
als ich dich so verzweifelt brauchte?“

Der Herr nahm meine Hand:
„Geliebtes Kind,
nie ließ ich dich allein,
schon gar nicht in Zeiten der Angst und Not.
Wo du nur ein Paar Spuren
in dem Sand erkennst,
sei ganz gewiss: ICH HABE DICH GETRAGEN.

Verzweiflung

Ganz still ist es im Raum geworden.
Chris‘ Hand liegt in der meinen.
Ihre Augen schwimmen.
Ich fühle, wie Angst und Hoffnung in ihr miteinander ringen.
Sie zittert, runzelt die Stirn.
Lächelt, während das Kinn verdächtig bebt.
Doch der Druck ist zu stark und sucht sich ein Ventil.
Und dann bricht sich unter haltlosem Schluchzen die ganze Verzweiflung der vergangenen Nacht Bahn.
Sie sieht ihr Leben davontreiben in einem reißenden Strom.

Aus dem Augenwinkel beobachte ich, wie sich Lilly dichter an ihre Cousine kuschelt, das Ganze macht ihr wohl ein bisschen Angst.
Neben mir drückt Chris immer fester meine Hand, bis ich mich schließlich zu ihr hinabbeuge und sie im Arm halte, während sie sich ausschüttet.
Welch ein Jammer!
Noch nie habe ich so mitempfunden und mitgelitten wie in diesem Moment.
Es ist so schrecklich, dass ich sie nicht einfach retten kann.
Nach einer ganzen Weile erst versiegen die Tränen.
Erschöpft und leer liegt meine Chris in ihren Kissen.
Langsam beruhigt sie sich.
„Liebe große Schwester, halte dich fest an dieser Aussage, dass du getragen wirst. Und Gott ist der zuverlässigste Mann in deinem Leben, stimmt‘s?“
Bei dieser Feststellung lacht sie plötzlich, sie hat wohl die Anspielung auf ihre gescheiterten Partnerbeziehungen herausgehört.

Überraschung

Lillys Unbefangenheit und die drolligen Fragen dieser Fünfjährigen lenken uns zum Glück von ihrer Not ab, wenn auch nur für kurze Zeit.
Chris hat heute ihre erste Bestrahlung bekommen. Es habe nicht wehgetan, aber geschlaucht, gibt sie mir zu verstehen. Mit etwas mehr Hoffnung sieht sie dem Ende der Woche entgegen.
Die nächsten Tage würde die Serie fortgesetzt. Dann gäbe es eine Woche Pause, um zu sehen, wie diese Behandlung anschlage.
Chris spricht noch recht langsam, aber betont deutlich.
Dann greift sie mit der intakten Hand nach einem Lippenpflegestift auf dem Nachttisch, entfernt geschickt den Verschluss, dreht den Stift heraus und balsamiert sich die Lippen. Dann dreht sie ihn wieder zurück, setzt mit

Daumen-, Zeige- und Mittelfinger die Kappe drauf und legt den Fettstift auf den Tisch.

Unsre Kleine hat ihr gebannt zugeschaut, das hat sie alles mit der linken Hand gemacht.

Stolz und erheitert über Lillys Staunen lacht sie mit ihrer rauchigen, tiefen Stimme.

Meine Schwester greift nach der Tüte Lakritze und reißt sie mit den Zähnen auf. Ich würde ihr das gerne abnehmen, weil es so mühsam aussieht. Andererseits nähme ich ihr dann das Erfolgserlebnis, trotz Behinderung gewisse Dinge selbstständig auszuführen.

Sie bietet uns allen auch etwas an und dankend greifen wir in den bunten Beutel.

In dem Moment geht die Tür auf und ein paar mir unbekannte Damen betreten das Krankenzimmer.

Unentschlossen und etwas verlegen blicken sie in unsere Richtung.

Auf einmal geht ein Strahlen über Chris‘ Gesicht und ein paar Freudentränen glitzern zwischen ihren Wimpern.

Sie erkennt die alten Freundinnen aus dem Schwimmclub, für den sie als Teenager begeistert schwamm.

Welch eine Überraschung!

Die Damen sind inzwischen nähergekommen, um ihre erkrankte Freundin aus Jugendtagen zu begrüßen.

Lilly und ich lassen uns mit hineinnehmen in die allgemeine Freude, schütteln Hände und lassen uns von den Besucherinnen erzählen, wie das damals alles war.

„Und woher wissen Sie, dass meine Schwester hier im Krankenhaus liegt?“, frage ich erstaunt.

„Von mir!“, kommt es vom Kopfende des Bettes.

Lachend steht Céline da und freut sich über ihre gelungene Aktion.

„Ich habe aus Mamas Wohnung das Adressbuch geholt und die Telefonnummern ihrer alten Freunde rausgesucht…“

Ich bin froh, dass diese erwachsenen Kinder sich so um ihre Mutter kümmern. Es muss sehr schwer sein für die beiden. Sie sind ganz damit beschäftigt, wie sie der Mama noch möglichst viel Freude bereiten können. Ich denke, das hilft ihnen auch selber, besser damit fertig zu werden.
Diese Freundinnen hatten eine weite Anfahrt und wollen sich viel erzählen. Deshalb schlüpfen Lilly und ich in unsere Winterjacken und verabschieden uns von allen.
Wie immer streichle ich nochmal Chris‘ Gesicht und wünsche ihr eine schmerzfreie Nacht.

Während der Heimfahrt übt meine kleine Tochter unermüdlich das einhändige Aufschrauben und Verschließen meines Labellos.
Ich verspreche ihr, wenn sie es kann, einen eigenen.

Sprachtraining

Im Laufe dieser Woche bekommt Chris täglich Bestrahlungen.
Die Ärzte wissen zwar, dass diese Therapie sie nicht mehr retten kann, aber Zeit gewinnen ist noch drin.
Die Nächte müssen laut Zimmernachbarin ziemlich schlimm sein.
Sie übergibt sich häufig und leidet unter heftigen Kopfschmerzen.

Heute ist der erste strahlenfreie Tag.
Meine Schwester liegt erschöpft in ihren Kissen, als wir sie besuchen kommen.

Sie sieht ganz verändert aus. Ihr Kopf ist kahl, nur noch ein paar vereinzelte Fransen sind übrig geblieben.

Unser achtjähriger Sohn Gabriel ist heute mit von der Partie.

Chris' Anblick macht ihn verlegen.

Sie wirkt so fremd.

Diese freut sich über den Besuch und strahlt übers ganze Gesicht.

Mühsam stammelt sie eine Begrüßung.

Gabriel hält sich zunächst scheu zurück.

Schließlich traut er sich doch näher zu kommen, berührt zögernd ihre Schulter und sagt zaghaft lächelnd: „Hallo!"

Auf meine Frage, wie es ihr grade so geht, antwortet sie in einem schwer verständlichen Kauderwelsch. Anscheinend haben die Strahlen ihr Sprachzentrum ordentlich durcheinander geschüttelt.

Sie wundert sich selbst darüber und versucht es noch einmal.

Lauter eigenartige Wortgebilde kommen aus ihrem Mund.

Gabriel lacht vor Vergnügen über all die lustigen Dinge, die seine Tante da von sich gibt.

Ich reime mir zusammen, was sie meint, und versuche auf langsame Art mich mit ihr zu unterhalten.

Es nützt zunächst jedoch nicht viel, die Zunge scheint ihr nicht zu gehorchen.

Unermüdlich übt sie, bis so nach und nach kurze Sätze entstehen.

Zwischendurch nimmt sie ein paar Schluck Wasser aus ihrem Glas vom Nachttisch.

Jetzt zeigt sie auf die Alarmglocke und bemüht sich, uns zu erklären, dass man diesen roten Knopf zum Bestellen von Pizza und anderen guten Sachen drücken müsse.

Gabriel kichert belustigt vor sich hin, er hat inzwischen mitgekriegt, dass es sich bei dem Knopf um die Notglocke handelt.

„Bist du dir da sicher?“, frage ich sie leicht amüsiert.
„Ja, das ist ein… ein… Hotel hier“, kriegt sie grade so raus und lacht mit ihrem Neffen um die Wette.

Ein fremder Beobachter würde angesichts dieser Stimmung hier vermutlich nicht auf die Idee kommen, dass dies ein Besuch bei einer todkranken Frau ist.

So langsam gelingt das Sprechen wieder, wenn auch der Inhalt unsinnig bleibt.
Aber gerade das scheint hochinteressant für den kleinen Mann zu sein.
Was für eine komische Situation!
Schließlich juckt es ihn doch und er fragt sie: „Frierst du denn nicht, so ganz ohne Haare?“
„Doch, manchmal!“, erwidert sie etwas verschämt. Sie bräuchte eine Mütze…
„Chris, ich will dir gleich morgen eine Kappe auf der Maschine stricken, das geht ganz schnell.
Welche Farbe hättest du denn gerne?“
„Egal! Nur nicht Illangweilig!“ stottert sie.

Als wir eine gute Stunde später auf der Heimfahrt sind, bespreche ich mit meinem Sohn, welches Strickgarn wir für die Mütze verwenden sollen. Da wir uns nur schwer zwischen gesprenkelter Baumwolle und welcher im Ringelmuster entscheiden können, beschließen wir, einfach zwei Exemplare zu stricken, so hat sie etwas zum Wechseln.
Wir freuen uns, dass wir endlich etwas für sie tun können, wenn es sich auch nur um eine Kleinigkeit handelt.
Am folgenden Vormittag setze ich das Geplante in die Tat um und kann meiner Mutter nachmittags zwei witzige Kappen mitgeben.

Einzigartigkeit

In diesen Wochen tut sich etwas in meinem Innern.

Es ist, als ob sich Chris ganz langsam verabschiedet.

In meinen Träumen sehe ich sie nur noch von hinten, sie entfernt sich immer mehr.

Sie ist zwar noch da und dennoch fern, sie fehlt mir bereits.

Wenn ich alleine vor mich hinarbeite oder mit dem Auto unterwegs bin, reißt tiefe Sehnsucht nach ihr an meinem Herzen. Dann möchte ich schreien und sie zurückhalten von ihrem Weg in die andere Welt.

Doch die Uhr tickt hörbar.

Mein Bedürfnis, mit ihr viele „Weißt-du-nochs“ auszutauschen, wird drängend.

Beim Erinnern an gemeinsam Erlebtes werden mir Dinge und Lieblosigkeiten bewusst, für die ich mich unbedingt entschuldigen möchte.

Es war zu wenig Liebe, die ich gab. Da bin ich mir sicher.

Wann habe ich ihr mal gesagt, dass ich sie gern habe?

Hat sie je angemessenen Dank für all ihre spontanen Hilfseinsätze in meiner Familie erhalten?

Ich weiß, es bleibt keine Zeit zu verlieren, jeder Tag könnte der letzte sein.

Bevor sie von dieser Welt geht, muss sie von mir erfahren, welche Lücke sie hinterlassen wird, wie einzigartig und einmalig sie ist.

Beim Nachdenken erkenne ich, dass Dinge, die mich vorher an ihr gestört haben, überhaupt keine Rolle mehr spielen.

Vor kurzem habe ich mich noch darüber aufgeregt, dass ein Telefonat mit ihr kein Ende fand, weil sie mir eine geschlagene Stunde lang ausführlich erklärt hat, weswegen sie eigentlich keine Zeit habe, mit mir zu telefonieren!

Ich höre sie noch: „Ich muss dringend eine Stiege Pfirsiche zu Marmelade verarbeiten, bevor sie verfaulen. Lass mich überlegen! In welcher Zeitschrift

habe ich das spezielle Rezept gesehen und vor allem: In welcher Ausgabe von ‚Die moderne Hausfrau' war das doch gleich, in dem Stapel, der sich neben dem Sofa biegt?"
Während sie weiterredete, durchsuchte sie die Zeitschriften.
„Chris, hör zu…" Ich versuchte sie zu überreden, das Telefonat zu beenden, damit sie in Ruhe weitersuchen könne, aber sie war so mit Suchen beschäftigt, dass sie mich gar nicht wahrnahm.
Ich: „Chris!"
Sie: „Das Heft muss doch hier irgendwo sein!"
Ich: „Hör mal, Chris! Such in Ruhe weiter, wir telefonieren nochmal, wenn du mehr Zeit hast, ja?"
Sie: „Warte, ich hab's gleich! Huch, jetzt wär ich beinah über den Korb Bügelwäsche gestolpert! Nicht zu glauben, wie sich die Wäsche über Nacht vermehrt! Ach, und überhaupt!" Dem folgten noch zig weitere Anliegen, an die ich mich jetzt nicht mehr erinnern kann.

Auf einmal sagte sie:
„Am Abend ist ja auch noch die Gemeinderatssitzung! Ach, du meine Güte, das hätte ich fast vergessen. Ich muss Schluss machen. Bis demnächst! Tschüss!"
Das war der Auslöser, den Hörer aufzulegen.
Verrücktes Huhn! Damals hat es mich genervt.
Aber jetzt belustigt es mich eher.

Ja, sie hat die Angewohnheit, Zeitschriften mit Kochrezepten zu sammeln, die sich munter auf und neben sämtlichen Sitzgelegenheiten stapelten, ausreichend für Altpapiersammlungen in der ganzen Gemeinde.
Beim Kaffeetrinken an Geburtstagen kam es hin und wieder vor, dass man sich auf der Couch zwischen Hochadel und Filmprominenz quetschen

musste. Wenn's einem gar zu eng wurde, wanderten diese Herrschaften eben auf den Fußboden hinter die Sessel.

Eigentlich sammelte sie alles, was man sich nur vorstellen kann und darüber hinaus.

Von sämtlichen Restaurantbesuchen ihres Lebens könnte sie Zeugnis ablegen in Form von Bierdeckeln, portioniertem Würfelzucker und handgeschriebenen Rechnungen.

Überhaupt, man wirft doch nichts weg!

Die rosig-glänzende Celluloid-Puppe namens Ute aus Kindertagen thronte immer noch trotz deutlich sichtbaren „Hirnschadens" in selbst gehäkeltem Outfit auf der Rückenlehne des Sofas.

Auf der Fensterbank gesellten sich seltsam mumifizierte, bizarre Gestalten in Tontöpfen neben noch lebende Topfpflanzen. Gegossen wurden sie alle – man konnte ja nie wissen!

Die Dachterrasse ihrer vorigen Wohnung trug als immerwährende Ganzjahres-Deko den geplünderten Christbaum irgendeines vergangenen Weihnachtsfestes. Dieses Gerippe beherbergte irgendwann nicht mehr das Jesuskind, sondern eine Kolonie von Spinnen.

Und sage mir keiner etwas über die Bett- und Tischwäsche in ihren Schränken! Alles tadellos gebügelt, gelegt und perfekt gestapelt! Wenn auch teilweise morsch und zerschlissen, sprich unbrauchbar, aber sauber und Kante auf Kante!

Ein Blick in den Küchenschrank ließe jeden Schlamper vor Bewunderung erblassen! Alle Trockenvorräte abgefüllt in praktische, luftdichte Vorratsdosen mit Beschriftung.

Bei genauem Hinsehen konnte man gelegentlich sogar fröhlich flatternde oder krabbelnde Tierchen beobachten, die sich bei ihrer Obdachsuche hier niedergelassen hatten und dringend auf Sauerstoff hofften.

Ich wette, dass auch mancher dieser Vorräte eine Erinnerung an längst vergangene Tage war.
All das wurde noch getoppt vom Vorratsraum im Keller, der Eingemachtes der letzten vier Jahrzehnte barg: Zeugen der Vergangenheit!
Man konnte da Pflaumenkompott finden von 1967, als sie ihre Gesellenprüfung zur Köchin machte. Und auf dem Brett darüber ganze Jahrgänge von Erdbeer-Konfitüren, die man schließlich nicht mehr öffnen konnte, weil die Schraubdeckel festgerostet waren.
Im Regal an der anderen Wand standen ein paar Weck-Gläser mit inzwischen grau-braunem Inhalt. Nur die Aufschrift verriet den Inhalt: „Quittenmus, Herbst 1979".
Dieses Mus stellte die Grundlage für das Quittenbrot dar, welches unsere Mutter jedes Jahr zur Adventszeit zubereitete. Es schmeckte so köstlich, dass es vor uns Kindern versteckt werden musste.

Chris wollte wohl ihre Erinnerungen nicht aufessen. Sie lebte bisher mit ihnen. Vielleicht hortete sie auch für eventuell wiederkehrende Notzeiten.
Alle, die wie ich erst in den 50er oder 60er Jahren geboren wurden, verstehen solch eigenartiges Verhalten nur schwer.
Sie war immerhin zwölf Jahre älter als ich, wurde in der Nachkriegszeit geboren, als es nicht viel zu essen gab – eine andere Generation!
Sie erlebte als Kleinkind die Flucht der Familie von Ost nach West mit, nebst zwei weiteren Geschwistern.
Ich hingegen wuchs in der Zeit des sogenannten Deutschen Wirtschaftswunders auf. Diese Gesellschaft wird bekanntlich auch als „Wegwerfgesellschaft" bezeichnet.
Wer weiß, vielleicht schreibt jemand über meine Generation eines Tages eine Geschichte und beklagt, wie gedankenlos Dinge weggeworfen wurden.

Zukunftspläne

Mein Mann Erich und unsere drei Großen, Sophie, Nikola und Joshua, sind heute mit dabei, um Chris zu besuchen. Die beiden Kleinen haben wir bei einer Freundin gelassen.

Oben angelangt, klopfen wir sachte an ihre Tür und nach einem zweistimmigen „Herein" treten wir ein.
Völlig perplex bleiben wir wie angewurzelt mitten im Raum stehen. Ich traue meinen Augen nicht.
Da sitzt sie doch tatsächlich in einem Rollstuhl am Tisch und fragt die Zimmernachbarin nach einem europäischen Fluss mit fünf Buchstaben!
Als ob es das Selbstverständlichste auf der Welt wäre!
Bewaffnet mit Kugelschreiber und einer Zeitschrift löst sie Kreuzworträtsel.
Sie begrüßt uns fröhlich und nicht ohne Stolz.
Wir stehen ungläubig da, starren auf ihre Buchstaben und können es nicht fassen.
So eifrig hat sie die ganze Zeit die Finger ihrer rechten Hand trainiert, dass sie bereits einen Stift halten und damit schreiben kann, wenn auch etwas krakelig.
Meine Schwester bittet darum, mit ihrem Rollstuhl ins Raucherzimmer geschoben zu werden, da könne man sich mal privater unterhalten. Wir erfüllen ihr diesen Wunsch und begleiten sie dort hin.
Aus ihrer Tasche kramt sie eine Zigarette und ein Feuerzeug. Ich ärgere mich darüber angesichts ihrer schweren Krankheit. „Muss das sein, dass du jetzt wieder rauchst, nachdem es mehrere Wochen ‚ohne' ging? Es wird dir nicht gut tun!"
Sie reagiert sehr gereizt: „Was hab ich denn noch? Lass mir doch das einzige Vergnügen, der Arzt hat es erlaubt! Eigentlich wollte ich euch von meinen Plänen erzählen und nicht über meine Angewohnheiten diskutieren!"

Ich schäme mich. Für einen Moment habe ich vergessen, dass es darauf jetzt auch nicht mehr ankommt.

„Es tut mir Leid, Chris, das war gedankenlos von mir."

„Also", fängt sie an, „hört zu! Ich werde meine Wohnung rollstuhlgerecht umbauen lassen!"

Sie schaut mich an, macht eine Pause und erwartet offenbar eine Reaktion von mir.

„Und wie stellst du dir das vor?" frage ich etwas unsicher. Sie schiebt uns eine handgefertigte Zeichnung hin.

„Ich habe heute Morgen angefangen, Skizzen zu zeichnen von meinen Ideen. Schau her, an das Treppengeländer zum Beispiel soll ein Personenlift montiert werden. Und alle Türdurchgänge muss mir der Handwerker verbreitern. Und..."

„Wer macht dir das alles?", fragt mein praktisch veranlagter Mann dazwischen, als ob das der nächste Schritt in der Planung wäre. Aber wenn ihr die Illusion Glücksmomente verschafft, warum nicht?!

Sie wirkt so zuversichtlich und voller Enthusiasmus.

Es überrascht mich kaum mehr, als sie mir Namen von Leuten nennt, die sie wegen der Umbauten ansprechen will.

Zwischendurch sagt sie immer wieder: „Das schaffen wir, das packen wir" und „Ich hab schon ganz andere Sachen geschafft, da krieg ich das auch noch hin!"

Ja, denke ich, du hast schon viel geschafft, aber den Tod überlisten kannst auch du nicht.

Dann erzählt sie von Urlaubsplänen. An die Ostsee will sie fahren. In ihr geliebtes „Häusel", das ja zum Glück ebenerdig ist.

„Da kann man auch mit Rollstuhl Urlaub machen. Und wer weiß, ob ich den bis dahin noch brauche. Trainieren werde ich Arm, Hand und Bein, ihr werdet alle noch staunen!"

Nachdem sie ihre Zigarette ausgedrückt hat, bringen wir sie in ihr Zimmer zurück.

Dort warten schon ein paar ehemalige Kolleginnen, die ebenso verblüfft sind, wie wir es waren, Chris im Rollstuhl sitzend anzutreffen.
Auf deren Fragen nach ihrem Wohlbefinden plaudert sie gleich munter drauf zu, berichtet den Besucherinnen wie uns zuvor sehr überzeugend von ihren raffinierten Umbauplänen und der geplanten Ostseereise.
Die Damen sind offensichtlich stark beeindruckt. Fassungslos und mit offenen Mündern stehen sie ans Fenstersims gelehnt da.
Für ein paar Minuten entschuldige ich mich, in der stillen Absicht, den Stationsarzt aufzuspüren.
Auf dem Stationsflur riecht es ausnahmsweise nach frisch gebrühtem Kaffee.
„Den könnte ich jetzt auch vertragen", geht es mir durch den Kopf.
Wie ich mich dem Schwesternzimmer nähere, höre ich Tassengeklapper und gedämpfte Stimmen. Die Tür steht halb offen und so klopfe ich zaghaft an den Türrahmen und begrüße die Anwesenden.
Der junge Arzt, den ich von meinem ersten Besuch her kenne, sitzt mittendrin. Ob er wohl eine Minute Zeit für mich hätte, frage ich ihn.
Dieser Mensch versteht es vortrefflich, seine Freundlichkeit zu verbergen.
Widerwillig setzt er seine Kaffeetasse ab und erhebt sich von seinem Platz.
Er zieht die Tür hinter sich zu, nachdem er meinetwegen das Dienstzimmer verlässt.

Während wir ein paar Schritte den Gang entlang gehen, gibt er mir kurz und knapp Auskunft über den momentanen Zustand von Chris' Gehirn infolge der Bestrahlungsserie.
Ich erfahre, dass die Metastasen nicht zu bremsen sind in ihrem Wachstum.
Er garantiere für nichts. Man gebe ihr bei Bedarf Morphium gegen die

Schmerzen und mehr könne man jetzt nicht mehr tun, sagt er und eilt davon in Richtung Kaffeetasse.
Diese Information kommt mir sehr bekannt vor. Hat er diese Aussage nicht bereits vorige Woche gemacht?
Wie ein begossener Pudel stehe ich da und muss einsehen, dass sich tatsächlich nichts mehr verbessern wird. Was habe ich denn erwartet?
Irgendwie ließ ich mich zu gerne von Chris' Höhenflug vorhin mitreißen und irreführen.
Müde mache ich kehrt und steuere wieder ihr Krankenzimmer an.

Da kommt mir eine ihrer früheren Kolleginnen entgegen.
„Sagen sie mal, wie lange muss denn die Chris noch hier bleiben und wann kommt sie in Reha?"
„Wer sagt denn, dass sie entlassen wird und wer redet von Reha?" frage ich erstaunt zurück.
„Na, sie selber!"
„Wissen Sie denn nicht, wie es um sie steht?"
„Ich weiß nur, was die Chris uns erzählt hat. Und die scheint ja auf dem Weg der Besserung zu sein."
Kopfschüttelnd stehe ich da und kläre die Dame auf.
Enttäuscht und traurig blickt sie mich eine Weile an.
Dann betreten wir beide wieder das Krankenzimmer, ohne ein weiteres Wort.

Inzwischen hat Chris wohl alle Anwesenden mit ihren Zukunftsplänen vertraut gemacht – erstaunte Gesichter blicken uns entgegen. Aber das Ganze scheint sie sehr angestrengt zu haben. Da geht auch schon die Tür auf und die Schwester bittet uns wieder mal nach draußen, um die Patienten für den Abend frischmachen zu können. Céline bleibt als Einzige drinnen, sie hat in diesem Krankenhaus gelernt und darf ausnahmsweise die Mutter mitpflegen.

Die Besucherinnen verabschieden sich bei der Gelegenheit und wünschen im Hinausgehen automatisch „Gute Besserung!".

„Gute Besserung" wünscht man einer Genesenden, einer, bei der Hoffnung besteht. Und was wünscht man einer Sterbenden?

Damit sie nicht plötzlich ganz alleine ist, warten wir Andern noch vor der Tür und unterhalten uns über die ganze Situation.

Ja, man muss darüber reden, sich austauschen, sich mitteilen, sich gegenseitig ermutigen. Die beiden Kinder meiner Schwester haben vor nicht allzu langer Zeit den Vater an Krebs verloren.

Und jetzt müssen sie das alles nochmal bei der Mutter mitmachen. Nur diesmal sind sie erwachsen und werden Vollwaisen sein.

Das ist hart.

Zehn Minuten später dürfen wir wieder hinein ins Zimmer.

Erschöpft und blass liegt sie nun mit einem Nachthemd bekleidet in ihren aufgeschüttelten Kissen.

Ich beobachte, wie Céline ruhig mit ihr plaudert und sie streichelt, so wie eine Mutter ihr krankes Kind tröstet.

Die Nachbarin nimmt zwangsläufig intensiv Teil an den wechselhaften Zuständen ihrer Zimmergenossin.

Als ich die Dame nach ihrem eigenen Wohlbefinden frage, erzählt sie ein wenig davon, dass sie bereits viel auf ist und in den nächsten Tagen entlassen würde.

Die Nächte wären nicht einfach für Chris, sagt sie leise zu uns. Da würde sie manchmal weinen und es kämen die großen Schmerzen. Der Arzt müsste dann schnell geholt werden, um ihr Morphium zu spritzen. Am andern Morgen läge sie immer noch völlig benommen da.

Inzwischen ist meine Schwester eingeschlafen und wir entschließen uns, nach Hause zu fahren. Jeder von uns streichelt sie nochmal sanft zum Abschied und dann schleichen wir auf Zehenspitzen hinaus.

Der 23. Psalm

Auf vielfachen Wunsch unserer Kinder steuern wir den Aufzug an. Beim Einsteigen stelle ich missbilligend fest, dass manche Leute doch überall die Wände vollschmieren müssen.
Bei genauerem Hinsehen erkenne ich, was da in jugendlicher Schreibschrift mit Edding geschrieben steht: **The Lord is my sheperd.**

Ich war wohl etwas voreilig mit meiner Ansicht über Graffiti an jedem Ort.
Das scheint mir mit das Beste zu sein, was man an eine Wand schreiben kann, besonders an diesem Ort.
„Der Herr ist mein Hirte…“, Psalm 23. Das haben wir doch schon in der Grundschule im Religions-Unterricht auswendig lernen müssen.
In Gedanken vervollständige ich:
„…mir wird nichts mangeln.
Er weidet mich auf grüner Aue und führet mich zum frischen Wasser.
Er erquicket meine Seele.
Er führet mich auf rechter Straße um seines Namens willen.
Und ob ich schon wanderte im finsteren Tal, fürchte ich kein Unglück; denn du bist bei mir,
dein Stecken und Stab trösten mich.
Du bereitest vor mir einen Tisch im Angesicht meiner Feinde.
Du salbest mein Haupt mit Öl und schenkest mir voll ein.
Gutes und Barmherzigkeit werden mir folgen mein Leben lang
Und ich werde bleiben im Hause des Herrn immerdar.“

Die Aue finde ich grade nicht sehr grün. Und ob das die rechte Straße ist, frage ich mich auch. „Dein Stecken und Stab trösten mich“ – das hoffe ich und das brauchen wir alle!

Trotz allem, ich finde, dieser Psalm ist ein guter Abschluss für heute, auch wenn ich im Moment nicht allem darin zustimmen kann.

Er passt ganz gut zu Chris. Und auch zu uns.

Beim nächsten Besuch könnte ich ihr davon erzählen!

Über all diese Gedanken vergesse ich fast das Aussteigen.

„Mama, komm endlich oder träumst du?“, dringt es an mein Ohr.

Grade noch komme ich raus, bevor die Aufzugtür wieder automatisch schließt.

Psalm 23 folgt mir.

Ich nehme ihn mit und er soll mich noch lange, lange begleiten.

Wechselbad der Gefühle

Gestern haben wir keinen Besuch bei meiner Schwester gemacht, da waren meine Mutter und meine Schwester Anne bei ihr. Abends riefen sie mich an. So erfuhren wir, dass sich Chris‘ Zustand mit einem Mal drastisch verschlechtert hat.

Von ihrer Mitpatientin wurde den beiden berichtet, dass ein Pfleger sie auf eigenen Wunsch nach dem Frühstück ins Besucherzimmer zum Rauchen geschoben hatte. Nach ungefähr zehn Minuten brachte er sie zurück und schob sie mit dem Rollstuhl an den Tisch. Kaum war er draußen, sackte sie urplötzlich und ohne sichtbare Vorzeichen in sich zusammen.

Die fürsorgliche Nachbarin bediente sofort die Notglocke, worauf postwendend der Pfleger wieder in der Tür erschien und mit einem Blick realisierte, was da passiert war. Er rief umgehend nach einer Kollegin und zu zweit verfrachteten sie meine Schwester ins Bett. Anschließend kontrollierten sie ihre Vitalwerte. Anscheinend hatte sie erneut einen Schlaganfall erlitten, laut Auskunft des Stationsarztes.

Als meine Mutter und meine Schwester mit ihr sprechen wollten, ging nicht mehr viel. Sie war wieder zurückgefallen in das Stadium der ersten Tage.
Die Nachricht hat uns natürlich alle sehr beunruhigt und bekümmert. Dieses Wechselbad der Gefühle – vorgestern noch war sie munter, voller Hoffnung und Pläne, dass jeder sich unterschwellig wünschte, sie möge Recht behalten – heute nun dieser krasse Absturz, der deutlich macht, welcher Illusion Chris sich hingegeben hatte und beinah auch wir.
Eines war für mich klar: Am nächsten Tag musste ich unbedingt wieder zu ihr, da waren doch noch ein paar ganz wichtige Dinge, die ich ihr sagen wollte, ehe es zu spät ist.

Der Winter kehrt zurück

Die beiden Kleinen wollen heute wieder mal mitkommen, obwohl sie Schlittenfahren könnten.
In der Nacht hat es nämlich geschneit. Die Natur trägt funkelndes Weiß, Bäume und Büsche glitzern märchenhaft im grellen Sonnenlicht.
Das nimmt mir fast die Sicht beim Fahren, meine Augen tränen.
Ich klappe die Sonnenblende runter, was nicht viel nützt, da ich relativ klein bin. Mit der rechten Hand taste ich suchend nach dem Etui, das meine Sonnenbrille beherbergt.
Irgendwo in der Ablage muss das Ding doch sein!
Ach, da hab ich's! Nach einigen Versuchen gelingt es mir, mit einer Hand die normale gegen die dunkle Brille auszutauschen.

Leider sieht mit dieser Tönung die Natur nicht mehr so traumhaft weiß aus, aber dafür sehe ich den Straßenverlauf.
Vorsicht ist heute angesagt laut Wettervorhersage, es kann stellenweise glatt sein, hieß es. Obwohl der Sonnenschein die Temperaturen schon wieder ein paar Grade über Null hat ansteigen lassen, fahre ich achtsam.
Wir werden auf jeden Fall die gut ausgebaute Bundesstraße nehmen, da sind mit Sicherheit die Streufahrzeuge schon mehrmals gefahren. Es läuft ganz gut und ohne Zwischenfälle.

Im Parkhaus bekommen wir wieder einen Platz auf dem oberen Deck, auf der Brückenebene.
Mir wird immer noch mulmig bei dem Gedanken, die Kluft zur Klinik überqueren zu müssen.
Beim Aussteigen ist es rutschig, die Autos scheinen den ganzen Schneematsch im Reifenprofil mitgeführt zu haben. Ich nehme beide Kinder an die Hand, eins links, eins rechts.
Bleibt die Frage, wer da wen führt!
„Jetzt Zähne zusammenbeißen und rüber!“ sag ich mir im Stillen. Nicht, dass ich meine Höhenangst auch noch auf die Kinder übertrage.
Fester als notwendig halte ich die kleinen Hände und ziehe die Beiden im Laufschritt ans andere Ende der Brücke, den Blick starr geradeaus. „Nich' so schnell, Mama!“ klagt Lilly. „Ja, gleich haben wir's geschafft und können dann langsamer gehen“, beruhige ich meine Kleine.
„Fahren wir wieder mit dem Fahrstuhl?“ fragt Gabriel.
„Natürlich fahren wir mit dem Fahrstuhl!“, verspreche ich.
Der rechte Aufzug öffnet sich, die alte Dame vor uns hat bestimmt den Knopf gedrückt. Wir steigen nacheinander ein, Gabriel darf die Etagen-Taste betätigen. Mit leichtem Ruck aufwärts setzt sich die Kabine in Bewegung.
Ich suche vergeblich nach dem Schriftzug aus dem 23. Psalm, aber da fällt mir ein, dass der in dem linken Aufzug war. Ohne Zwischenstopp geht es

nach oben, die Dame scheint das gleiche Ziel zu haben wie wir. Sie steigt mit uns aus, schlägt dann aber doch eine andere Richtung ein.

Für uns geht's jetzt noch durch die schwere Tür links und den kurzen Gang entlang, dann sind wir fast bei ihr.

Die Kinder klopfen im wahrsten Sinne des Wortes mit vereinten Kräften an der Zimmertür. Mein missbilligender Blick hat zur Folge, dass die beiden schuldbewusst auf Zehenspitzen eintreten.

Kaum, dass wir die zwei Frauen begrüßt haben, warnt uns die Bettnachbarin vor – der Schwester gehe es gar nicht gut.

Währenddessen entledigen wir drei uns unserer Jacken und Schals, die Asyl auf der Fensterbank finden.

Kinderhände berühren Chris' Finger, die schlaff und reglos auf der Bettdecke ruhen. Sie hebt den Kopf etwas und schaut uns ganz verwundert an, als ob wir Fremde wären.

„Hallo Denna, wie geht's dir denn heute?" Bewusst spreche ich sie mit ihrem Kosenamen aus Kindertagen an.

„Kennst du uns nicht mehr?"

Erstaunt zuckt sie mit den Achseln.

„Mama, sie weiß bestimmt gar nicht mehr unsere Namen", mutmaßt Lilly, während sie die leblose Hand festhält.

Mein achtjähriger Sohn hingegen schleicht etwas verlegen an mir vorbei zum Fußende des Bettes, ihm ist die Tante heute etwas unheimlich. Sie sieht so verändert aus, der frische Schlaganfall hat ihr Gesicht gezeichnet.

Zögernd streckt er eine Hand aus und streicht zaghaft über ihre bedeckten Füße. „Geht's dir heute nich' so gut, Chris?", fragt Gabriel mit besorgter Mine.

„Nee!", kommt es heiser über Chris' Lippen.

Sie trägt eine von meinen gestrickten Kappen. Es sind kaum mehr Haare da, die den Kopf vor Zugluft schützen könnten.

Vermisst

Etwas unentschlossen schaue ich von einem zum andern. Außer uns sind keine weiteren Besucher im Raum, das scheint mir doch ein günstiger Moment. Mir liegt da schon länger was sehr Persönliches auf dem Herzen. Vielleicht hilft ihr das sich zu erinnern.

Auf der Bettkante bin ich Chris ein bisschen näher und muss nicht so laut sprechen.

Leise und langsam beginne ich:

„Weißt du, Chris, ich möchte dir schon lange mal ein paar Dinge erzählen. Sicher wirst du dich wieder erinnern können, wenn du das hörst.

Vor vielen, vielen Jahren, als ich noch ein kleines Mädchen war, wurdest du vermisst.

Du warst lange Zeit verschwunden und all unsere Nachforschungen nach deinem Aufenthaltsort blieben ohne Erfolg.

Wir wussten nur, dass dein damaliger Ehemann wegen krummer Geschichten untertauchen musste und dich vermutlich im Schlepptau hatte.

Wir fragten uns, wo du nur sein könntest und zerbrachen uns die Köpfe, streckten unsere Fühler nach allen möglichen Richtungen aus.

Wo immer wir auf größere Menschenansammlungen trafen, ob beim Einkaufen oder in öffentlichen Verkehrsmitteln, überall hielten wir Ausschau nach dir.

Als ich einmal mittags im Schulbus saß, stieg mir der Duft eines bestimmten Parfums in die Nase. Dieser Geruch kam mir so bekannt vor, bloß woher?

Ich versuchte mich zu konzentrieren. Da fiel es mir ein!

Es roch nach dir! Ich erhob mich aus meinem Sitz und suchte mit den Augen alle Passagiere ab. Du musstest doch hier im Bus sein! Aber niemand sah auch nur annähernd nach meiner Schwester aus.

Ach, ich war so enttäuscht! Die kurz aufgeflammte Hoffnung war geplatzt wie eine Seifenblase, aber all der Schmerz und die Sorge um dich waren wieder lebendig.“

Ich mache eine Pause und beobachte sie. Ihre Mimik taut auf, sie lächelt traurig. Ob sie sich erinnert?

„Wochen später“, setze ich fort, „erlebte ich nochmal so etwas Ähnliches.

Es war ein heißer Sommertag und ich befand mich wieder auf dem weiten Fußweg von der Bushaltestelle nach Hause.

Dieser alte Schulranzen zog schwer an meinen Schultern. Als ich das steilste Stück der Strecke geschafft hatte und bereits erschöpft auf dem bewaldeten Hohlweg unterhalb der Burg vor mich hin trottete, ließ ich meinen Blick über die sonnige Lichtung mit seinen Steinriegeln am rechten Hang schweifen, meinem Lieblingsplatz. Da hab ich mich so manches Mal hin verkrümelt, wenn ich allein sein wollte und hab nach Versteinerungen gesucht und die Zeit darüber vergessen.

Aber im Gras saß jemand und sonnte sich!

Eine junge Frau, mit Haaren wie du sie trugst, schien sich auszuruhen und blickte ins Tal.

Mein Herz klopfte bis zum Hals.

Ich hörte es laut pochen.

Aufgeregt und voller Erwartung machte ich ein paar Schritte auf die Lichtung zu…

…nachsehen, ob du es bist.

Da drehte die Frau mir ihr Gesicht zu: eine Fremde!

Ich blieb augenblicklich wie angewurzelt stehen und starrte sie erschrocken an.

Freundlich rief sie mir einen Gruß zu.

Verlegenheit lähmte meine Zunge und mit fühlbar hochrotem Kopf wandte ich mich beschämt ab und stolperte eilig davon.

Du warst es wieder nicht!

Ich kämpfte mit den Tränen und die letzten 200 Meter des Heimwegs wurden die schwersten."

Chris sieht mich aus großen Augen an.
Ich hatte ihr das nie erzählt, weil es mir früher irgendwie peinlich war, so über meine Empfindungen zu sprechen.
Aber jetzt muss es raus. Sie muss erfahren, welchen Platz sie in meinem Herzen hatte, als ich ein Kind war.
Es war damals schlimm für die ganze Familie. Gute zwei Jahre dauerte es, bis wir von Chris endlich ein Lebenszeichen erhielten.

„Weißt du noch, wie Micha und Onkel Frieder dich schließlich in Paris ausfindig machten?"
Sie schaut nachdenklich durch mich durch.
„Wir waren alle furchtbar aufgeregt in der Familie, die Telefone liefen heiß. *Stellt euch vor,* rief Mutti mehr als einmal in den Hörer, *unsere Jula lebt und wir holen sie so schnell wie möglich heim!* So nennt sie dich ja heute noch: Jula."

„Es wurde gründlich geputzt und Kuchen gebacken, ein Bett für dich mit schöner Bettwäsche frisch bezogen, ein Blumenstrauß ans Bett gestellt und ich malte dir ein Bild."
Ja, alles wartete freudig auf die Heimkehr der verlorenen Tochter.
„Jetzt wird alles wieder gut", glaubten wir, „sie ist wiedergefunden!"
Chris legt die Stirn in Falten und scheint auf die Pointe der Geschichte zu warten.
Ich mache eine Pause, damit sie Zeit hat, sich zu erinnern…
„Aber du wolltest gar nicht mit nach Hause!"
Sie schaut mich erstaunt an.

„Onkel Frieder rief uns an und teilte uns mit, dass er alles versucht habe, dich zur Vernunft zu bringen und gescheitert sei. Du hattest einen anderen Mann kennengelernt, der dich beschützte und mit dem du zusammenbleiben wolltest, erklärte er uns. Er und Micha würden ohne dich zurückkommen.
Ich verstand die Welt nicht mehr. Nach all dem, wie wir um dich gebangt und gehofft hatten.
Wir wussten die ganze Zeit ja nicht einmal, ob du überhaupt noch am Leben bist. Dann kam diese Nachricht von dir!
Mensch, ich wollte dich wiederhaben und in die Arme schließen, aber du hattest wohl gar nicht kapiert, wie sehr wir alle uns danach sehnten!"
Meine beiden Jüngsten sind ganz Ohr und lauschen gebannt diesen Offenbarungen, darüber hatte ich bisher nie ein Wort verloren.

Ihrem Gesichtsausdruck nach hat sie wohl doch begriffen, worum es bei meinen Worten in den vergangenen Minuten ging. Ein paar Tränen kullern über ihre Wangen.
Ich krame ein Taschentuch aus meiner Handtasche und reiche es ihr. Sie versucht etwas zu sagen, ich muss genau hinhören, damit ich sie verstehe.
„Iken!", ist alles, was sie sagt, so nannte ich mich selbst als Kleinkind. Dieser Name haftete mir noch lange an, leider. Aber im Moment stört mich das nicht, ich bin froh, dass sie mich wieder erkannt hat.
„Denna", kontere ich, so riefen wir Geschwister sie.
Unsere Mutter aber nannte sie immer nur „Jula".
Sie muss lachen, zwar krächzend, aber immerhin.

„Weißt du, da ist noch was anderes." Verlegenheit und ein wenig Scham bremsen meinen Redefluss.
„Ich möchte dich um Verzeihung bitten für mein gelegentlich herablassendes Benehmen dir gegenüber. Lieblos und abweisend war ich manchmal und habe dich sicher immer wieder mit Worten verletzt.

Ich wünschte auch, ich hätte mir mehr Zeit für dich genommen, dir öfter zugehört und dir mehr Achtung entgegen gebracht."

Ob sie das alles versteht? Unsicher schaue ich sie an.

Denn leicht fällt mir das nicht und wiedergutmachen kann ich's auch nicht.

Mit ihrer beweglichen Hand zieht sie mich an ihre Schulter heran, um mich zu drücken.

Mir tut es wirklich so leid.

Wieso wird uns Menschen das immer erst bewusst, wenn es zu spät ist?

Na ja, immerhin konnte ich ihr das noch sagen.

Jetzt brauche auch ich ein Taschentuch…

„Ich will dir endlich danken, für all deine Hilfe in den vergangenen Jahren. Wenn wir ein Familienfest hatten, oder ich mal krank war und die Kinder und den Haushalt nicht versorgen konnte, hast du alles stehen und liegen lassen und bist wie die Feuerwehr zu uns geeilt. Problemlos hast du dich zurechtgefunden und noch Späßchen mit den Kleinen gemacht."

Wir müssen beide abwechselnd weinen und lachen.

Stürme

Ein Weilchen später fällt mir noch eine andere Begebenheit ein. Hoffentlich wird ihr das nicht zu viel…

„Weißt du noch, als uns in der Lübecker Bucht während eines Urlaubs mal eine Windhose eiskalt erwischte?" – „Oh ja!", erinnert sich meine Schwester. Um es etwas spannend zu machen, erzähle ich dieses Erlebnis entsprechend.

„Den ganzen Tag war es so drückend heiß gewesen, dass man erst am späten Nachmittag zum Strand gehen konnte, um sich in der kühlen Ostsee ein wenig zu erfrischen.

Der Himmel wurde auf einmal rabenschwarz, sowas hatte ich noch nie zuvor gesehen.
Die See spiegelte diese Finsternis wider.
Trotz der unheimlichen Stimmung wagten sich noch Badegäste ins Wasser, welchem ich ganz eilig entstieg.
Erich, Sophie und Nikola waren unter den Mutigen und sprangen noch fröhlich in die Fluten. Eine Gruppe Rollstuhlfahrer in Begleitung ihrer Betreuer kam gerade vom befestigten Dünenweg auf uns zu und sie kämpften sich mühsam durch den Sand.
Für einen Moment wandte ich meinen Blick von dieser eigenartigen Szene nach links in Richtung Fußgängerfähre, ungefähr ein Kilometer strandabwärts.
Von dort sah ich voller Entsetzen eine Art Wirbelwind auf uns zurasen.
Ich hörte Rufe und Schreie, Menschen rannten aufgeregt ihren davonfliegenden Sonnenschirmen, Handtüchern und Kleidern hinterher oder flüchteten in die Dünen.
Hier hatte das noch gar niemand wahrgenommen.
Völlig hysterisch brüllte ich Erich und den Mädels im Wasser zu, sofort rauszukommen.
Schon im folgenden Moment hatte uns die Windhose im Griff, Sand und Badeutensilien mit sich führend und der Wind schluckte meine Worte, keiner hörte mich.
Blitzschnell schnappte ich unseren Jüngsten, der schrie, weil ihm der Sandstrahl die nackte Haut peitschte. Mit einem Griff hüllte ich ihn in sein Badelaken und hielt das Bündel ganz fest an mich gepresst, während ich mit zusammengekniffenen Augen halb blind der Menge Richtung Dünenweg folgte.“
„Mama, der Jüngste war ich, gell?“, unterbricht mich Gabriel.
„Ja, das ist schon ein Weilchen her, da war die Lilly noch nicht auf der Welt“, ergänze ich.

„Vor mir hatte Joshua unseren ungeöffneten Sonnenschirm an sich gerissen. Er hielt ihn beidhändig wie ein Schwert umklammert und kämpfte sich mühsam gegen den Wind vorwärts wie ein tapferer und starker Ritter, bereit, dem Sturm die Stirn zu bieten."
Lilly und Gabriel amüsieren sich köstlich bei dieser Vorstellung und kichern um die Wette.

„Und du, Christiane warst bereits zu den Rollstuhlfahrern geeilt, hast mit angepackt und den Betreuern geholfen, die stecken gebliebenen Fahrzeuge aus dem Sand zu bugsieren."
Sie nickt bestätigend und lächelt ob dieser lebhaften Schilderungen.
„Im Davoneilen sah ich mich besorgt nach Erich und den Töchtern um. Erleichtert stellte ich dann fest, dass auch sie sich im Strom der Fliehenden befanden."

Ich mache eine kurze Erzählpause, doch meine Gedanken gehen weiter.

„Zum Glück hatten wir es ja nicht weit und so kamen wir nach wenigen Minuten im Ferienhäuschen an. Schnell zog ich die sichere Tür hinter uns zu und wir atmeten erleichtert auf.
Das anschließende Gewitter konnte uns dann nicht mehr viel anhaben."

„Mama, das war spannend damals", schwärmt Gabriel.
„Das kann man wohl sagen", stimme ich zu.
„Die Kinder durften anschließend in die warme Wanne, während wir Erwachsenen es uns mit Kerzen und Tee gemütlich machten, erinnerst du dich? Ich sehe das alles noch vor mir, als ob es gestern gewesen wäre."
Meine Schwester schaut inzwischen mit abwesendem Blick durch mich durch. Ich hole ihre Gedanken wieder zurück, vielleicht fällt ihr dazu was ein:

„Und dann hörten wir da oben immer so gerne diesen einen Radiosender, wie hieß der doch gleich…?“ Mir fällt der Name tatsächlich nicht mehr ein.
Sie sieht mich mit hochgezogenen Augenbrauen zunächst fragend an. Dann grinst sie und stottert:
„Dddelta-Radio!“
„Stimmt! Das hätte ich nicht mehr gewusst“, gestehe ich.
„Aber ich erinnere mich, dass wir den immer zur musikalischen Untermalung während unserer abendlichen UNO-Runden eingeschaltet hatten. Da kam die beste Musik, die wir beim Sendersuchen finden konnten. Und morgens zum Frühstück hörten wir den auch, denn wir wollten doch wissen, wie sich das Wetter an der Küste entwickeln würde im Laufe der Woche.“

Ich habe die letzten Worte noch nicht ganz ausgesprochen, da nehme ich eine jähe Veränderung in Chris‘ Ausdruck wahr. Das Gesicht schmerzverzerrt, begleitet von Stöhnen und Zittern, der ganze Körper krampft…
…habe ich etwas Dummes gesagt, das sie so sehr aufregt? Vielleicht habe ich sie mit meinen vielen alten Geschichten überanstrengt?
Sofort betätige ich die Notglocke.
Sekunden später erscheint die diensthabende Pflegefachkraft im Zimmer, wirft einen Blick auf meine Schwester und macht auf dem Absatz kehrt.
Kurz darauf stürmt der Stationsarzt herein, hält schon eine Spritze in der Hand, desinfiziert hektisch und wortlos die Applikationsstelle und setzt dazu an, das schmerzstillende Morphium zu injizieren.
Angstvoll und erschrocken schlägt sie nach ihm und zieht ihren Arm weg.
Der junge Mediziner verfehlt die Vene.
Vor Schreck fährt er sie an, sie wisse doch ganz genau, dass sie stillhalten müsse.
Meine Schwester fängt an zu weinen wie ein eben geschlagenes Kind.

Nachdem die Kanüle doch noch mit leichter Gewalt ihr Ziel getroffen hat, rafft der Arzt entnervt den Abfall zusammen. Außer Atem und kurz angebunden, kündigt er im Hinausgehen an, dass man der Patientin eine Magensonde legen wird, um außer Nahrung ihr auf diesem Weg auch Medikamente zuzuführen. Ihre Venen seien bereits so in Mitleidenschaft gezogen, dass er kaum mehr Injektionen setzen kann.
Damit verlässt er den Raum.

Was war das denn?

Keinen Ton bringe ich heraus.

Gabriel und Lilly schauen mich entsetzt an.

Was für ein Auftritt!

Ihre Tante liegt erschöpft in den Kissen und wischt sich die letzten Tränen ab. Das Morphium beginnt schnell zu wirken. Wir streicheln sie in den Schlaf und warten, bis sie ruhig und gleichmäßig atmet.

Dann machen wir uns ganz leise fertig für den Heimweg, verabschieden uns von der netten Mitpatientin und schleichen hinaus. Im Flur begegnen wir Chris' Kindern. Kurz schildere ich das Geschehene, damit sie vorbereitet sind und ihr ein wenig Ruhe lassen.

Das ist ein harter Tag für sie gewesen, denke ich, während wir aus dem Gebäude ins Freie treten. Bestimmt war das Erinnern Hochleistung für Chris' Gehirn und emotional auch sehr fordernd. Das werde ich so nicht mehr machen, dessen bin ich mir gewiss.

Jesus hilft

Wir verlassen wie üblich mit unserem Kleinbus das Parkhaus und fädeln in den fließenden Feierabendverkehr auf der Bundesstraße ein. Nach ungefähr 2 Kilometern steigt die Straße deutlich an, eine scharfe Kurve führt uns aus der Ortschaft hinaus. Rechterhand wird eine alte, verwitterte Holzhütte sichtbar, direkt an einem Parkplatz.

JESUS HILFT steht mit großen, weißen Buchstaben an der Giebelwand.

Das gefällt mir.

Das brauche ich jetzt nach diesem Krankenbesuch.

Die Szene vorhin hat mich doch geschockt.

Wie viele Menschen hat das wohl schon aufgemuntert oder einfach auf neue Gedanken gebracht?

Jedes Mal, wenn ich hier entlang fahre, sticht mir das ins Auge.

Es sieht aus, als ob es jemand mit Kreide sehr sorgfältig dort hingeschrieben hat. Und das steht schon Jahre dort, ohne zu verblassen.

Sonst werden unbefugte Malereien eigentlich zügig übertüncht. Vor der Entfernung dieser Worte jedoch scheint man sich zu scheuen. Vielleicht ist ja was dran, mag mancher denken, oder zumindest schadet es nicht, darauf zu hoffen.

Möglicherweise aber hat es der Eigentümer dieser Hütte selbst angebracht und ist überzeugt davon.

Wie dem auch sei, ich würde jederzeit ein Ausrufezeichen dahinter setzen!

Während der Fahrt richten meine Zwei viele Fragen an mich. Das Gehörte und Erlebte muss eingeordnet und verarbeitet werden.

Bewusst lenke ich die Unterhaltung auf gemeinsame schöne Erlebnisse, nachdem ich die wichtigsten medizinischen Punkte kindgerecht erklären konnte.

So „landen“ wir wieder am Ostseestrand, in der Lübecker Bucht.

Ich erzähle den beiden, wie die großen Schwestern Sophie und Nikola im Urlaub das Radfahren übten und wie sie mit Ästen und Kiefernzapfen „Baseball“ spielten. Und auch davon, wie sie den zweijährigen Joshua im Korb auf dem Sackkarren durch die Gegend schoben und wie sehr dieser Bruder damals den Strand hasste. Auch von Gabriels Buddel-Leidenschaft, die selbst vor Strandduschen nicht haltmachte, sowie von Lillys Zähigkeit, bei einem Ausflug auf ihrem kleinen Kinderfahrrad strampelnd mehrere Kilometer durchzuhalten.

Das Ablenkungsmanöver ist mir gelungen. Beide Kinder sind ganz „eingetaucht“ in Ostsee-Erinnerungen und tragen abwechselnd eigene Gedanken dazu bei.

Mir ist klar, dass man nicht immer alles schönreden kann.

Es werden noch Situationen kommen, da gibt es nichts abzulenken, da müssen wir uns schließlich alle mit Chris‘ Tod abfinden.

Sinkflug

Bei einem der nächsten Besuche erfahren wir von Chris‘ Zimmergenossin, dass die Nächte immer schlimmer werden.

In der vergangenen Nacht habe sie laut nach unserem längst verstorbenen Vater gerufen sowie nach unseren beiden tödlich verunglückten Brüdern, Martin und Micha.

Bei dieser Nachricht wird mir das Herz schwer.

Was immer einem Ärzte auch sagen, wenn man sie nach dem „Wie-lange-noch“ fragt, bleibt die Auskunft doch erst mal Spekulation.

Aber dieses Verhalten meiner Schwester in der vergangenen Nacht scheint mir ein sehr deutliches Zeichen zu sein: Sie wird nicht mehr lange leben!
Das Rufen nach den Verstorbenen macht mir klar, dass sie den Toten bereits näher ist als den Lebenden.
Und dieses kürzlich erlebte Hoch bei ihr ist auch typisch für diese heimtückische Krankheit beziehungsweise für ein letztes Aufbäumen vor dem Absturz.

Inzwischen haben die behandelnden Ärzte weitere Strahlentherapien abgesetzt, die laut der letzten Computer-Tomografien keinen sichtbaren Erfolg mehr gebracht haben.
Im Gegenteil: Das rasche Wachstum der Metastasen im Kopf hat den Wettlauf gegen Bestrahlung und Zeit gewonnen. Man ist dazu übergegangen, nur noch die Schmerzen zu stillen, so gut es geht.
Dieses Fortschreiten ihrer Krankheit mit den immer häufiger auftretenden Krampfanfällen des Gehirns rauben ihr die letzten Kräfte. Völlig matt liegt sie in ihren Kissen, das Atmen wird immer beschwerlicher und die Besuche bei ihr werden immer stiller. Sie schläft die meiste Zeit, was unter anderem durch das Morphium in höheren Dosen kommt. Inzwischen ist auch das Sauerstoffgerät zu ihrem ständigen Begleiter geworden.
Rund um die Uhr ist jemand von der Familie da, tagsüber unsere Mutter und wir Schwestern sowie Freunde und Verwandte. Céline und Frédéric machen Tag- und Nachtschicht bei ihr und pflegen sie fachgerecht und liebevoll.
Wir sitzen abwechselnd an ihrem Bett und streicheln sie, flüstern ihr leise tröstende Worte ins Ohr. Es ist ein Warten auf das Ende.

Weihnachten in den Sechzigern

Auf der Heimfahrt fällt mir ein, dass Chris und ich Weihnachten so gerne haben. Als wir noch Kinder waren, lief der Heilige Abend immer nach einem ganz bestimmten Ritual ab.

Im Gästezimmer stapelten sich seit Wochen Weihnachtspäckchen von Verwandten und Freunden. Und wehe, eines von uns hätte da vor der Zeit heimlich etwas aufgemacht…

Schon am 24. Dezember morgens durften wir das Wohnzimmer nicht mehr betreten, weil unsere Mutter alles sauber machte und für jedes ihrer sechs Kinder einen persönlichen Gabentisch herrichtete. Da wir natürlich nicht so viele Tische hatten, wurden auch der Schreibtisch, der Servierwagen, die „Turn-Truhe" dazu umfunktioniert und der große Esstisch abgeteilt. („Turn-Truhe" nannte eines von uns Kindern ein Hochglanz-Schränkchen mit eingebautem Plattenspieler und einer integrierten Mini-Bar mit Beleuchtung, die mein Vater noch gekauft hatte. Eigentlich hieß das Teil „Ton-Truhe").

Jeder versuchte heimlich im Vorbeigehen mit einem Blick durch das Glas der Wohnzimmertür seinen Tisch zu orten, was aufgrund der rauen Oberfläche aber unmöglich war. Die Spannung wurde mit jedem vernehmbaren Rascheln, Klappern und Knistern größer.

Und das sollte man bis zum Abend aushalten!

Selbst den Weihnachtsbaum schmückte unsere Mutter alleine, mit richtigen Wachskerzen, Kugeln, Sternen und Lametta – Schmuck, den zum Teil noch unser Vater gekauft hatte.

Während sie diese geheimnisvollen Vorbereitungen traf, hatten wir Kinder unsere Zimmer aufzuräumen oder Basteleien in letzter Minute fertigzustellen.

Zu Mittag gab es meist einen Gemüseeintopf, und für den Abend wurde der traditionelle Nudelsalat vorbereitet und kaltgestellt.

Nach dem Essen schickte unsere Mutter uns los, Weihnachtsgaben an ältere Menschen, die in sehr bescheidenen alten Häuschen unterhalb der Burg lebten, zu überreichen.
Diese Gaben bestanden in der Regel aus einer Hälfte duftendem, nach altem Familienrezept gebackenem Christstollen in Zellophan und Weihnachtspapier verpackt, mit rotem Band, Tannenzweig und Kerzchen verziert, dazu eine Karte mit einem persönlichen Gruß.
Warm angezogen und mit Schnürstiefeln ausgerüstet stapften wir je zu zweit los, bepackt wie der Nikolaus. An einem Haus angelangt, pochten wir an die Tür, bis jemand aufmachte, elektrische Türklingeln gab es da nicht. Stolz überreichten wir unsere Päckchen und wünschten jedem frohe Weihnachten.
Die Beschenkten freuten sich sehr, wir Kinder bekamen manchmal eine Tafel Schokolade oder ein paar einfache „Ausstecherle“, die wir genüsslich schon auf dem Weg zum nächsten Haus verputzten.
Vom „Hafners‘ Ernst“ gab es meistens ein Stück selbstgemachte Butter in Form einer Rolle, säuerlich duftend und gelb glänzend. An den vielen kleinen Molketröpfchen auf der kühlen Oberfläche war die Frische des Nahrungsmittels zu erkennen. Regelmäßig wurde hier im hölzernen Butterfass gebuttert.
Dieser urige alte, bucklige kleine Mann lebte mit seiner Frau und unzähligen Katzen in einem alten Fachwerkhäuschen mit zwei Räumen. Im Hof gab es auch noch ein gemeinschaftliches Backhaus, in dem regelmäßig Brotlaibe gebacken wurden von den Bewohnern des Weilers.
Er bat uns immer herein in seine warme Stube an den Esstisch und erzählte vom Krieg, begleitet vom Ticken der Standuhr in der Ecke und dem Schnurren der Katzen, die einem um die Beine strichen. Wenn er eine Redepause machte, berührte die Nasenspitze fast das Kinn. Dann und wann zog er an seiner Pfeife, die durch eine Flaschengummi-Dichtung am Mundstück beim Reden im Mundwinkel hängen blieb. Er hatte nämlich keine

Zähne mehr. Man sagte, an Werktagen benutze er einen blauen Gummiring, an Sonn- und Feiertagen einen roten.

Sicher gab es nicht jedes Jahr Schnee, aber in meiner Erinnerung sehe ich uns noch in mancher Schneewehe versinken, oder auf dem Hintern ein Stück den Hang hinunter rutschen, um Zeit zu sparen und Spaß zu haben.
Manchmal stieß man dabei an einen Strauch, der einem dann seine ganze Schneelast in den Kragen schüttete. So sorgte durchdringende Feuchtigkeit in Schuhen, Hosenboden und Kragen dafür, dass man den Rest des Weges frierend zurücklegte.

Zuhause angelangt wartete ein heißes Bad auf uns. Dazu hatte unsere Mutter den Badezimmerofen mit Holz angefeuert und so das benötigte Badewasser erhitzt.
In dem kleinen Raum dampfte es ordentlich, nachdem das Wasser eingelassen war und dann bekamen wir eine duftende Badesalz-Tablette, Marke Fichtennadel. Das Lustige daran war das Prickeln beim Draufsetzen, wenn sie sich sprudelnd im Wasser auflöste. Dieses Vergnügen hatte jeweils derjenige, der als Erster in die Wanne durfte.

Nachdem wir alle durch waren und uns frische Sachen angezogen hatten, wurde es spannend.
Jeder holte seine Tüte mit größtenteils selbst gebastelten Geschenken unterm Bett hervor. Alle drängelten sich in einer Reihe vor die Wohnzimmertür, die Kleinste an vorderster Front und danach wie die Orgelpfeifen bis zum Ältesten von uns Sechsen.
Die Blockflöten startklar an den Lippen warteten Chris und Eva auf das Signal von drinnen: Unsere Mutter läutete die alte Messingglocke und öffnete die Tür.

Die Flöten hatten punktgenau mit „Ihr Kinderlein kommet“ die Zeremonie eröffnet, der Rest sang nach Kräften dazu.
Mit glänzenden Augen und Röntgenblick versuchte jedes „seinen“ Gabentisch zu erraten. Aber auch das Strahlen der Kerzen und der Schmuck am Baum zauberten eine festliche und heimelige Stimmung, die jeden von uns ergriff. Ach, wie war das jedes Jahr schön!
Allerdings mussten wir noch einige Weihnachtslieder komplett singen: „Ich steh‘ an deiner Krippen hier“ und „Es kommt ein Schiff geladen“, sowie „Vom Himmel hoch, da komm ich her“ und noch das eine oder andere Lied.
Mein Bruder Martin wartete immer darauf, dass endlich „Es ist ein Ros‘ entsprungen“ an die Reihe käme, weil er daraus „Es ist ein Ross entsprungen aus einem Pferdestall“ machen konnte in der Absicht, das weihnachtliche Singen aufzumischen. Regelmäßig erntete er dafür strafende Blicke und Ermahnungen unsrer Mutter. Nachdem sich meine Mutter geschlagen gab, weil niemand mehr in der Lage war ohne Gekicher zu singen, versammelten wir uns um den Couchtisch. Sie nahm die Luther-Bibel zur Hand und schlug das zweite Kapitel des Lukas-Evangeliums auf, um uns die Weihnachtsgeschichte vorzulesen. Jeder kannte den Anfang auswendig: „Es begab sich aber zu der Zeit, dass ein Gebot von dem Kaiser Augustus ausging, dass alle Welt geschätzt würde…“ – vertraute Worte! Sie ließ sich nicht aus der Ruhe bringen und trug dieses göttliche Ereignis feierlich vor. Das erschien uns manchmal furchtbar lange. Nachdem sie aber mit dem Satz endete: “Und die Hirten kehrten wieder um, priesen und lobten Gott um alles, was sie gehört und gesehen hatten, wie denn zu ihnen gesagt war“, gab es kein Halten mehr. Wir sprangen auf vom Tisch, um ja nichts zu verpassen!
Ein reger Austausch von Geschenken, Erläuterungen, Jubelrufen und Umarmungen brach die Stille.
Von „Mutti“ bekamen wir vor allem selbstgenähte Sachen, z. B. Sofakissen oder Nachthemden mit Borte und Zickzack-Stich. Das war ihr Markenzeichen.

Für meine Puppe gab es ein neues Kleid aus den Resten des selbstgenähten Nachthemdes für mich. Die Brüder hatten die Puppenstube wieder frisch tapeziert, bevor die Einrichtung aufgebaut wurde. Einmal war sogar von meinem Bruder Martin ein selbstgemachter kleiner Fernseher aus Holz dazu gekommen.
Ich erinnere mich, dass jedes Kind seinen eigenen Weihnachtsteller bekam. Da war neben Plätzchen und Lebkuchen auch selbstgemachtes Quittenbrot, eine Büchse süße Kondensmilch und essbarer Baumbehang zu finden. Bei mir lag regelmäßig sogar eine Miniaturflasche Maggi dabei, für den Kaufladen.

Selbst der Duft von brennenden Kerzen, Tanne und Plätzchen ist für mich heute noch präsent.

Im Rückblick bin ich sicher, dass von uns allen Chris diejenige war, die am hingebungsvollsten gesungen und geflötet hat. Das machte sich immer besonders bemerkbar, wenn wir an den Weihnachtsfeiertagen mit mütterlicher Unterstützung die sieben Nachbarfamilien besuchen mussten, um allen ein Weihnachtständchen zu bringen.
Diese große Schwester hatte immer feuchte Augen beim Musizieren, einen äußerst feierlichen Gesichtsausdruck und sang oder flötete voller Inbrunst, das bewunderte ich damals sehr.
Jahre später, als ich längst verheiratet und bereits Mutter von fünf Kindern war, sang ich als Mitglied eines modernen, christlichen Chores mit bei einem abendlichen Adventskonzert in einer benachbarten Kirche.
Insgesamt drei oder vier Gesangsgruppen stimmten die Gemeinde auf Weihnachten ein mit teils traditionellen, teils modernen und aussagekräftigen Liedern.
Von der Decke herab hing ein prächtiger Adventskranz und schmückte den Chorraum, anstelle großer Deckenbeleuchtung brannten viele rote Kerzen.

Chris besuchte neben weiteren Familienangehörigen dieses Konzert und genoss es sehr, obwohl sie selbst nicht mitsang.
Wir erlebten auch mindestens einmal das Weihnachtsoratorium von Bach gemeinsam, bei dem unsere Schwester Eva mitwirkte, irgendwie brauchten wir das hin und wieder.

Viele schöne Erinnerungen sind das für mich!
Wie ist es mit Chris? Kann sie sich noch an Erlebtes erinnern?
Manchmal frage ich mich, was sich in Chris‘ Gedanken so abspielt.
Ob sie wohl in den letzten paar Wochen über ihr Leben nachgedacht hat?
Wozu ist ihr Gehirn aus medizinischer Sicht jetzt noch fähig?
Ist ihr Geist überhaupt noch hier oder vielleicht schon auf dem Weg in die andere Welt?

Letzte Reise

Sie geht auf eine neue, unendliche Realität zu, die viel strahlender, festlicher, erstaunlicher, fröhlicher und vollkommen sein wird.
Dort erwartet sie Heilung aller Krankheit.
Kein Leid, kein Geschrei mehr, aber echter Jubel und grenzenlose Freiheit.
So hat es uns Gott durch sein Wort in der Bibel verheißen.
Vielleicht hat sie schon „Wind“ davon bekommen, denn vor kurzem redete sie im Halbschlaf von einem Tunnel, durch den sie unbedingt hindurchgehen müsse.
Nichts wünsche ich ihr mehr, als bald an diesen Ort zu gelangen und somit von allen Schmerzen und Leid erlöst zu werden.

Wir schreiben den 21. Februar 1999. Es ist Sonntag und ich fahre heute alleine zu meiner großen Schwester. Einen kalten Tag habe ich mir ausgesucht. Mit warmem Schal und langem Mantel verlasse ich das Haus. Nach wenigen Kilometern arbeitet die Autoheizung nach Wunsch und ich frage mich wieder mal, wie oft ich diese Strecke wohl noch fahren werde. Denn dann werden sich unsere Wege vorerst ganz trennen, geht es mir durch den Sinn. Aber noch ist dieser Moment nicht gekommen.

In Chris‘ Krankenzimmer ist es warm, ich hänge Mantel und Schal an den Haken hinter der Tür.

Sie liegt schlafend auf der Seite und atmet sehr angestrengt durch den offenen Mund, trotz Sauerstoffzufuhr aus dem Schlauch.

Ihr Atemgeruch verrät, dass ihr Körper nach und nach abstirbt.

Frédéric ist bereits seit Stunden anwesend und kümmert sich still um seine Mutter.

Ich ziehe mir einen Stuhl ans Bett.

Es ist eigentlich kein Atmen, sondern ein Keuchen, womit sie sich am Leben hält. Wie ein Embryo im Mutterleib liegt sie mit stark angezogenen Beinen unter ihrer Decke und wirkt sehr verkrampft. Das sieht nach richtig harter Arbeit aus, als ob sie sich durch besagten Tunnel durchkämpfen muss. Ihre Haut ist kühl und beginnt an den Beinen eine marmorierte Färbung anzunehmen. Ich weiß, was das heißt.

Ob Worte ihr Unterbewusstsein erreichen?

Vornübergebeugt flüstere ich ihr ruhig und langsam Bilder vom Rauschen der Wellen am Ostseestrand ins Ohr. „Spürst du, wie das kühle Wasser dir langsam entgegenkullert, den Sand unter deinen Füßen wegspült und sich wieder zurückzieht? Und wieder kommt eine kleine Welle, umspült deine Knöchel und geht wieder...“

So ähnlich setze ich das noch eine ganze Weile fort, streichle ihre Wange, ihre Hände und wünsche ihr schließlich eine gute Reise.

Ich schweige und beobachte sie still.

Irgendwie habe ich das Gefühl, heute ist etwas anders.

Sie wirkt, als ob sie nur noch körperlich anwesend wäre.
Eigenartig.
Abschiedsstimmung.
Sie braucht ihre Ruhe, man muss sie ziehen lassen.
Ich will sie festhalten und auch gehen lassen.
Endlich gehen lassen.

In den letzten Wochen habe ich eine neue, intensive Beziehung zu ihr aufgebaut und dabei nicht realisiert, dass damit der Abschied noch schwerer wird.
Aber auch mit diesem Wissen würde ich es wieder genauso machen.
Es war gut so.

Ich ziehe mich automatisch und wie in Zeitlupe an und stehe dennoch unschlüssig zwischen Bett und Tür.
Sie wird nicht allein sein, Frédéric bleibt bei ihr.
Gemischte Gefühle kommen auf.
So verabschiede ich mich von meinem Neffen und fahre Chris zärtlich über den Kopf, sage Adieu.
Mechanisch steige ich die vielen Stufen des Treppenhauses hinab bis zur Eingangshalle, durchquere diese und lasse mich durch die Drehtür nach draußen tragen.
Ein feuchter, scharfer Wind treibt mir Schneeflocken in Gesicht und Kragen. Beim Versuch, meinen Schal enger zu ziehen stelle ich fest, dass ich ihn gar nicht umhabe. Der wird noch in Chris‘ Zimmer hängen. Auf dem Absatz mache ich kehrt und nehme diesmal den Aufzug nach oben. Das ist mir unangenehm, jetzt muss ich wieder ins Zimmer und erneut Unruhe hineinbringen.
Man hat mich schon erwartet, mein zurückgebliebener roter Schal ist aufgefallen.

Ich entschuldige mich, sage nochmal „Tschüss“ und verlasse mit dem notwendigen Utensil das Zimmer ein zweites Mal.
Beim Heimfahren werde ich das Gefühl nicht los, meine Schwester das letzte Mal gesehen zu haben.
Im Grunde genommen wünsche ich ihr, erlöst zu werden von ihrem Leiden.

Trotz schlechter Sicht und stellenweise glatter Straßen verläuft die Fahrt ohne größere Probleme und ich bin froh, sicher zuhause angekommen zu sein.

Ankunft am lichten Ende

Kaum habe ich die Haustür hinter mir ins Schloss gezogen, höre ich das Telefon klingeln. Noch in Straßenschuhen und Mantel nehme ich den Hörer ab, bevor der Anrufbeantworter anspringt.

Außer Atem melde ich mich. Es ist Frédéric, ihr Sohn:
„Es ist vorbei. Mama ist gestorben“, sagt er fast tonlos.
Nein! Mein Herz rast, meine Kehle ist wie zugeschnürt. Ich bringe zunächst keinen Ton heraus.
Stille.
Ich schlucke.
„Wann?“, frage ich trocken zurück.
„Vor zehn Minuten – sie hat einfach aufgehört zu atmen.“
„Oh Frédéric, es tut mir so leid…, wie kann ich dir im Moment helfen?“
„Ist schon okay. Vielleicht rufst du einfach die Andern aus der Familie für mich an“, bittet er tapfer.

Wir vereinbaren noch Verschiedenes und dann tut jeder an seinem Ort, was notwendig ist in so einem Fall.
Ich erinnere mich, dass Frédéric alles darum gegeben hätte, noch einmal mit ihr an die Ostsee zu fahren. Das war ihm so ein dringendes Anliegen.
Aber leider hatte sich ihr Zustand so schnell verschlechtert, dass sie die Fahrt gar nicht verkraftet hätte.
Es bleibt immer etwas zurück, das man noch gerne getan oder gesagt hätte. Und manchmal gibt es keine Gelegenheit mehr dafür, wie hier mit Chris.
Das klingt jetzt sehr allgemein, aber diese Erfahrung habe ich immer wieder gemacht. Fast jedes Mal, wenn ich am Grab eines Familienmitglieds oder eines Freundes stand, fielen mir Versäumnisse ein und ich blieb beschämt zurück.
Jeder in unserer Familie leidet auf seine Weise, jeder nimmt anders Abschied und jeder wird anders damit fertig. Manch einer kann Schmerz rauslassen und weinen, ein Anderer vergräbt das in sich oder spaltet es ab.

Ihr Tod brachte sowohl tiefe Traurigkeit als auch große Erleichterung und Dankbarkeit für die Erlösung von ihrem Leiden.
Ich als Schwester zumindest blicke sehr dankbar zurück auf die Zeit, die uns noch blieb, um Dinge zu klären, Liebe zu geben und dem Leben abzuringen, was noch ging. Wir sind wirklich versöhnt zurück geblieben.

Es macht einen großen Unterschied, ob man auf diese Weise Abschied nehmen darf oder ob Menschen „plötzlich und unerwartet“ von dieser Welt gehen, wie meine Brüder. Das war beide Male ein plötzlicher Schock, vollendete Tatsache sozusagen! Kein Abschied! Einfach aus und vorbei!

Meine Mutter und Chris‘ Kinder wollten meine Schwester nochmal vor der Beerdigung sehen und sind zur Aussegnungshalle gefahren. Ich erfahre, wie

entspannt ihre Gesichtszüge seien. Mit einem Lächeln um den Mund läge sie aufgebahrt.
Aller Schmerz muss von ihr gewichen sein.
So hat sie schließlich das lichte Ende des Tunnels erreicht.

Beisetzung

Als wir sie ein paar Tage später beerdigen, stürmt es und Schneeregen peitscht uns ins Gesicht, um dann plötzlich wieder von Sonnenschein unterbrochen zu werden.
Trotzdem haben wir eine „schöne" Beisetzungsfeier, die in der kleinen, vertrauten Kirche beginnt, in der unsere Konfirmationen stattfanden, meine Hochzeit, sowie Martins Beerdigung damals.
Es gibt eine gute tröstliche Predigt und die eine oder andere Rede folgt aufgrund ihres politischen Amtes. Am Schluss einer Rede über ihr politisches Engagement geschieht das Peinlichste, was einem Redner nur passieren kann auf einer Beerdigung.
Routine kann verfänglich sein, denn der Vortragende endet sein Lob mit den Worten:
„…Uns bleibt nichts weiter, als der Genossin für die weitere Zukunft viel Erfolg und alles Gute zu wünschen!"
Kaum ausgesprochen und erkannt, bleibt dem Redner das letzte Wort fast im Halse stecken. Alles hält die Luft an.
Ich wette, der Parteigenosse wünschte sich nichts mehr, als dass sich augenblicklich unter ihm der Boden auftäte um darin zu versinken.
Der Arme!
Und im Nachhinein bin ich sicher, Chris ist in schallendes Gelächter ausgebrochen, sollte sie das gehört haben. Sie hätte das mit Humor genommen.

Und in gewissem Sinne hat der Redner ja nichts Falsches gesagt.
Es sei ihm verziehen!

Zum Glück folgt abschließend eines von Chris' Lieblingsliedern, die vom Vorhergehenden ablenken.
Céline und ich haben nämlich vorher ermutigende, schöne Lieder ausgesucht, die Trost und Hoffnung, aber auch Dank ausdrücken sollen.

Eines der Lieder hat einst der bekannte Pfarrer Dietrich Bonhoeffer getextet, nachdem er 1943 aufgrund seines Widerstandes gegen das nationalsozialistische Regime verhaftet wurde und dafür 1945 mit seinem Leben bezahlte.
Und das mochte Chris besonders gerne:

„*Von guten Mächten wunderbar geborgen*"… darin heißt es weiter im Refrain: „*…erwarten wir getrost, was kommen mag. Gott ist mit uns am Abend und am Morgen, und ganz gewiss an jedem neuen Tag.*"

Dieses Lied entstand im tiefen Vertrauen auf Gott angesichts eines drohenden Todesurteils im Gestapo-Gefängnis und ist dadurch absolut authentisch, sodass ich es dem Leser nicht vorenthalten möchte.
Alle sechs Strophen werde ich hier niederschreiben, sie sind so passend.

1. *Von guten Mächten treu und still umgeben,*
   behütet und getröstet wunderbar,
   so will ich diese Tage mit euch leben
   und mit euch gehen in ein neues Jahr.

2. *Noch will das Alte unsre Herzen quälen,*
noch drückt uns böser Tage schwere Last,
ach Herr, gib unsern aufgeschreckten Seelen
das Heil, für das du uns geschaffen hast.

3. *Und reichst du uns den schweren Kelch, den bittern,*
mit Leid gefüllt bis an den höchsten Rand,
so nehmen wir ihn dankbar ohne Zittern
aus deiner guten und geliebten Hand.

4. *Doch willst du uns noch einmal Freude schenken*
an dieser Welt und ihrer Sonne Glanz,
dann woll'n wir des Vergangenen gedenken,
und dann gehört dir unser Leben ganz.

5. *Lass warm und hell die Kerzen heute flammen,*
die du in unsre Dunkelheit gebracht,
führ, wenn es sein kann, wieder uns zusammen.
Wir wissen es, dein Licht scheint in der Nacht.

6. *Wenn sich die Stille nun tief um uns breitet,*
so lass uns hören jenen vollen Klang der Welt,
die unsichtbar sich um uns weitet,
all deiner Kinder hohen Lobgesang.

...und Gott wird abwischen alle Tränen...

In den ersten Wochen nach Chris' Tod funktionieren wir alle irgendwie, der Alltag nimmt keine Rücksicht auf Befindlichkeiten. Nacheinander ereilt jeden von uns irgendein heftiger Infekt, gewissermaßen als Nachwehen der vorhergehenden schweren Wochen.

Jeden Tag bringt der Briefträger Kondolenzpost. Eine Briefkarte unter mehreren weckt mein besonderes Interesse, sie kommt von einer lieben alten Freundin meiner Mutter.

Vorne ist eine schlichte Tuschezeichnung abgebildet, die ein offenes, schmiedeeisernes Tor zeigt.

Ich mache es mir in einem Sessel bequem, klappe die Karte auf und lese:

Nimm mit dir, was wir zusammen erlebt haben,
als ein kostbares Vermächtnis.

Lass mein Sterben dein Gewinn sein,
wie das Sterben unseres Heilandes Gewinn ist.

Leb dein Leben fortan ein wenig bewusster als dein Leben vor dem Tod.

Es wird schöner, reifer und tiefer, inniger und freudiger sein,
als es zuvor war,

vor meiner letzten Stunde,
die meine erste ist.

Johann Christoph Hampe

Ich höre nicht den Dichter, sondern Chris diese Worte zu mir sagen.
Wieder und wieder lese ich diesen Text.
Ich sehe Chris, wie sie vor mir steht, mich aufmunternd anlächelt und diesen Text nochmal wiederholt.
Mein Herz saugt ihn auf, wie ein trockener Schwamm das Wasser.
Es ist, als ob sie extra nochmal zurückgekommen wäre, um mir das zu sagen, mich zu trösten.

Ja, dieses kostbare Vermächtnis will ich festhalten.
Jede Zeile dieses Textes kann ich bejahen.
Ich frage mich: Wie kann ein Mensch in der Lage sein, tröstende Worte aus der Sicht des Verstorbenen so wiederzugeben?

Lange hat mich nichts mehr so tief berührt.
Wieder und wieder muss ich diese Zeilen lesen.
Mir tut es weh und auch wohl.
Meine wundeste Stelle liegt offen und lässt sich nicht länger verbergen.
Alle Erstarrung in mir löst sich nach und nach.

Die Schleusen öffnen sich und spülen tränenreich den ganzen angesammelten Schmerz um Chris und meine Brüder hinaus, bis sich irgendwann an diesem Nachmittag tiefer Frieden in mein Herz senkt.

„Erst jetzt kann ich dich wirklich loslassen, Chris.
Und dennoch höre ich dich manchmal lachen.“

Danke

Kaum ein Buch wird ohne die Unterstützung anderer geschrieben, so auch meines nicht. Aus diesem Grunde möchte ich mich bei ein paar lieben Menschen bedanken:
Bei der jüngsten Enkelin von Tante Ev, die mir aufgrund meines Trauer-Rundbriefes 1999 unbewusst den Anstoß zu diesem Buch gegeben hat.
Bei Mia, die mich mit Tipps zum Schreibstil ermunterte.
Bei meinem einzigartigen Ehemann und meinen lieben Kindern für alle Geduld und Liebe, die sie für mich aufbrachten, sooft ich mich hinterm Computer verkroch, ungestört sein wollte, mit Formulierungen kämpfte und nach Stunden meist entnervt wieder auftauchte. Besonders von ihnen bekam ich zum Schluss noch Unterstützung und Ermutigung.
Bei meinem Großen, er opferte mir ein ganzes Wochenende. Sein Know-how in Sachen Feinabstimmung und Formatierung verlieh dem Buch den letzten Schliff. Seine Ruhe und Ausdauer bewahrten mich vor einem Nervenzusammenbruch.
Bei meiner Freundin Viola, die mir durch ihre positive und respektvolle Art der Korrektur dazu verhalf, mich mit diesem Projekt überhaupt erst an die Öffentlichkeit zu wagen.

Last but not least danke ich meinem Gott für alle Liebe, allen Trost und den Frieden im Herzen.

Printed by Books on Demand GmbH, Norderstedt / Germany